厦门市教育科研专著资助出版项目

大型语言模型人工智能在职业教育中的应用探索

洪江民　著

全书数字资源

北 京

冶 金 工 业 出 版 社

2025

内 容 提 要

本书深入探讨了大型语言模型在职业教育中的重要作用，主要介绍了大型语言模型的概念和运行机制，指导读者如何使用国际主流的大型语言模型服务，并展示其在教学创新、技能培养、教学资源创作等方面的实际应用案例。此外，本书还详细阐述了大型语言模型在编程和专业技能学习中的作用，并探索了部署个性化模型的方法。

本书适合教育行业的相关人士、技术人员，以及对大型语言模型在教育领域应用感兴趣的广大读者阅读。

图书在版编目（CIP）数据

大型语言模型人工智能在职业教育中的应用探索 /
洪江民著. -- 北京 ：冶金工业出版社，2025. 6.
ISBN 978-7-5240-0258-1

Ⅰ. G719. 2-39

中国国家版本馆 CIP 数据核字第 20255YR450 号

大型语言模型人工智能在职业教育中的应用探索

出版发行	冶金工业出版社	电　　话	(010)64027926
地　　址	北京市东城区嵩祝院北巷 39 号	邮　　编	100009
网　　址	www.mip1953.com	电子信箱	service@ mip1953.com

责任编辑　王　颖　美术编辑　吕欣童　版式设计　郑小利
责任校对　郑　娟　责任印制　禹　蕊
北京捷迅佳彩印刷有限公司印刷
2025 年 6 月第 1 版，2025 年 6 月第 1 次印刷
710mm×1000mm　1/16；13.75 印张；266 千字；211 页
定价 99. 00 元

投稿电话　(010)64027932　投稿信箱　tougao@cnmip. com. cn
营销中心电话　(010)64044283
冶金工业出版社天猫旗舰店　yjgycbs. tmall. com
(本书如有印装质量问题，本社营销中心负责退换)

前　　言

随着科技的快速发展，人工智能，尤其是大型语言模型，在职业教育领域的应用日益广泛。人工智能在教育改革中的影响深远，不仅在职业技能培训方面展现出巨大潜力，还为教学创新提供了新的思路和工具，带来了前所未有的机遇。

本书力求以通俗易懂的方式为广大读者提供帮助，特别是关注非技术专业人士的需求。本书尝试探索了一种简化的路径，使读者能够更便捷地接触国际先进的人工智能服务，并在操作中减少复杂性和潜在障碍，希望通过这一方式，能够为教育工作者和普通读者提供实用的支持，使他们更轻松地使用这些工具。此外，本书注重理论与实践相结合，分享了一些在职业教育和编程领域中应用大型语言模型的经验与案例，期望为相关领域的发展贡献一份力量。

本书从人工智能技术的理论基础出发，逐步阐释大型语言模型的概念和运行方式，并结合职业教育场景，展示其在教学和技能培训中的具体应用。全书内容包括职业教育中的教学应用、编程与专业技能培训、构建个性化人工智能模型等方面。在教学应用中，讨论了如何通过文字与音频转换、多媒体教学资源制作、优化互动教学体验等方式提升教学质量与效率，以及如何利用人工智能设计个性化教学计划、改进课程评估体系，加快教育资源的开发与迭代。在编程领域，书中展示了如何利用人工智能技术在自动化测试、代码逆向工程、故障诊断等方面显著提高效率和准确性，同时介绍了人工智能集成开发环境的智能化工具对编程效率的提升。本书还探索了部署个性化人工智能模型的实际方法，包括模型选择、本地与云端部署及定制化应用。

本书的出版得到了厦门市教育科研专著资助出版项目的资助和支

持，在此特别感谢负责厦门市教育科研专著资助出版项目的厦门市教育科学研究院的领导和老师们，尤其是具体执行该资助项目的段艳霞老师。厦门市教育科学研究院的领导和老师们在立项阶段对书名的确定给予了宝贵的建议，为本书的完善明确了方向。同时，还要感谢厦门城市职业学院的丰海老师通过学校科研平台"人工智能应用技术研究中心"给予补充资助，丰海老师在该领域的指导及鼓励为本书的顺利完成起到了重要的支持作用。此外，我校曾垂超编审在立项前从专业的编辑角度解答了作者的问题，并提供了重要的建议和指导，对此深表感谢。

　　最后，我特别感谢家人给予的包容与支持，尤其是大孩子永铭，总是充满奇思妙想，热情地"指挥"我用大型语言模型人工智能编程创造各种有趣的作品，让我对其实际应用有了更深刻的理解；还有正在咿呀学语的孩子欣铭，用稚嫩的声音和纯真的目光，融化了我一天的疲惫，带来了无尽的温暖和动力。

　　本书在撰写过程中，参考和借鉴了国内外诸多相关文献资料，在此向文献作者表示由衷的感谢！

　　由于作者水平所限，书中难免有不妥之处，欢迎广大读者批评指正。

洪江民

2025 年 4 月

目　　录

1 AI 技术入门与访问策略

本章将探讨人工智能（Artificial Intelligence，AI）技术的基础入门知识，并详细介绍如何访问和利用公有云服务来接入国外的 AI 服务。首先，本节将介绍 AI 技术及大型语言模型（Large Language Model，LLM）的基本概念、技术原理以及当前主流的大型语言模型。其次，本章还将提供详细的指南，帮助读者理解公有云服务，如何配置和使用这些服务，以及如何具体访问国外的 AI 服务。

除了技术和服务的访问外，本章还重点讨论了数据安全与合规性的重要性。本章将探讨保护数据的基本原则，提供一份合规性检查清单，并讨论实施保护隐私的策略。通过本章的学习，读者不仅能够获得 AI 技术的基础知识，还能了解如何安全、合规地利用这些技术，在职业发展中走在技术的前沿。

1.1 AI 技术与大型语言模型介绍

本章为初学者提供关于人工智能技术及大型语言模型的基础性介绍。尽管本章的内容仅触及关于人工智能很浅层的知识，但能帮助读者初步理解这些复杂技术的基本概念和工作原理。

本节将首先阐述人工智能的核心定义及其运作方式，以确保读者能够把握这一技术的基础理念。接着，本节将简要介绍人工智能背后的关键技术原理，旨在加深读者对其功能和实现方式的认识。最后，本节提供了对当下流行的大型语言模型的概览介绍，这些模型和服务在人们的日常应用中起到了至关重要的作用。

人工智能技术的深度和广度远超所能在此涵盖的范围，因此读者在掌握了这些入门知识之后，可以继续追求更深层次的学习和探索。

1.1.1 基础概念和技术原理

1.1.1.1 人工智能的定义和历史

人工智能（AI），广义上指的是机器，特别是计算机系统展现出的智能行为。这一领域属于计算机科学的一个分支，致力于开发和研究能使机器感知环境、通过学习和智能决策达成特定目标的方法及软件。这些机器被统一称为 AI 系统，已在多个领域内展示出巨大的潜力和实用价值。

人工智能的研究起源可追溯到古代哲学家和数学家对机械或"形式"推理

的研究。逻辑学的研究以及控制论、信息理论和神经生物学的进展，共同推动了构建"电子大脑"的设想。1943 年首个"人工神经元"模型的提出，以及 1950 年图灵测试的引入，均为机器智能的可行性提供了理论基础。1956 年，AI 在达特茅斯学院的研讨会上被确立为独立学科。

20 世纪 60 年代和 70 年代，尽管研究者对创造具有通用智能的机器抱有极大期望，实际进展却远远低于预期。1974 年，面对外界的批评和政治压力，英美两国削减了 AI 领域的探索性研究资金，引发了所谓的"AI 冬天"。20 世纪 80 年代初，由于专家系统的商业成功，AI 研究得以复苏，这种模拟人类专家知识和分析技能的程序大受欢迎，到了 1985 年，AI 市场价值突破十亿美元。然而，1987 年，随着 Lisp 机市场的崩溃，AI 研究再次陷入低潮，迎来了第二次更为漫长的"AI 冬天"。Lisp 机是一种专为运行 Lisp 编程语言而设计的计算机，主要用于人工智能研究。它的硬件和软件深度优化了符号处理、逻辑推理等 AI 任务，极大提高了运行效率。然而，Lisp 机造价高昂，市场定位过于小众，且在通用计算机快速崛起的冲击下逐渐失去竞争力。随着市场需求减少，AI 研究的资金投入也随之减少，引发了这一时期的低谷。

20 世纪 90 年代末和 21 世纪初，AI 通过专注于具体问题的解决和形式数学方法的利用逐渐恢复声誉。这种狭窄且专注的研究取得了一系列可验证的成果，推动了与统计学、经济学和数学等其他学科的交叉合作。到 2000 年，虽然当时很少有人将这些解决方案标榜为"人工智能"，但 AI 研究的成果已广泛应用于多个领域。

2012 年，随着深度学习技术的兴起，AI 领域迎来了历史性的突破，这得益于更快的计算能力、更大的数据集。深度学习技术的成功推动了 AI 研究的资金和兴趣急剧增加，尤其是在 2015 年 DeepMind 的 AlphaGo 和后来 OpenAI 发布的 GPT-3 等具体应用激发了公众和研究界对 AI 潜力的重新评估。这些成功案例不仅展示了 AI 技术的先进性，也加速了全球对 AI 的研究和投资热潮。

1.1.1.2 人工智能的应用领域

AI 技术已在全球的工业、政府和科研领域得到广泛应用。其著名的应用包括网络搜索引擎（如谷歌和百度）、推荐系统（如 YouTube、淘宝和抖音）、语音交互系统（如谷歌助手和 Siri）以及自动驾驶汽车（如 Waymo 和特斯拉）。此外，AI 还用于创意生成工具（如 ChatGPT 和 Midjourney），在电子竞技（OpenAI 的 OpenAI Five 在《Dota 2》中击败世界顶级玩家）及策略游戏（DeepMind 的 AlphaGo 在围棋比赛中战胜世界冠军）中展现超越人类的能力。

21 世纪，AI 的快速发展正在推动全球向自动化、数据驱动的决策及 AI 系统在各经济部门和生活各领域的广泛集成。这种变革深刻影响了就业市场、医疗保健、政府管理、工业生产和教育体系，并引发了对 AI 长远影响、伦理问题及潜在风险的广泛讨论。这也促进了全球社会对确保 AI 技术安全和益处的政策的形成。

AI 研究的子领域专注于特定目标，如推理、知识表示、规划、学习、自然语言处理、感知和机器人技术支持。实现通用智能（完成任何人类能执行的任务）是该领域的长期目标之一。为实现这些目标，研究者们采用了搜索技术和数学优化、形式逻辑、人工神经网络及基于统计学、运筹学和经济学的方法。AI 研究也受到了心理学、语言学、哲学和神经科学等学科的深远影响。

1.1.1.3 机器学习

机器学习（Machine Learning，ML）是人工智能的重要分支，专注于教会计算机如何从数据中学习。想象一下，玩家在尝试一个全新的电脑游戏时，一开始可能摸不着头脑，但随着游戏次数的增加，玩家会逐渐掌握了技巧。机器学习正是通过让计算机从数据中学习，找到解决问题的策略。

在这个领域，计算机通过一系列被称为"算法"的方法来从数据中学习。这些算法使计算机能够识别数据中的模式和关系，例如，辨别一封邮件是否为垃圾邮件，或理解人类的语言。近年来，一种称为深度学习的人工神经网络技术极大地推动了机器学习的发展，使其能够处理（如自动驾驶汽车和复杂图像识别等）高难度任务。

机器学习的应用范围非常广泛，涵盖了多个领域。

（1）自然语言处理：使计算机不仅能理解人类语言，还能生成语言。

（2）计算机视觉：让计算机解析和理解图片和视频。

（3）语音识别：让计算机能够听懂人类的语言并做出反应。

（4）医学：通过分析复杂的医疗数据帮助诊断疾病。

（5）农业：分析土壤和气候数据，优化作物的生长条件和产量。

（6）金融：用于检测欺诈行为、管理资产以及自动化交易系统。

在商业领域，机器学习被广泛用于预测分析，帮助企业根据历史数据预测未来趋势，从而作出更精确的战略决策。

机器学习的数学基础依赖于数学优化和统计学，这些技术帮助算法在寻找最优解时达到高效和精确。此外，数据挖掘与机器学习紧密相关，它通过对大量数据进行探索性分析，利用监督学习和无监督学习方法，以发掘隐藏的信息和模式。

机器学习是一门使计算机通过分析大量数据自我学习和逐步优化的科学。它使得计算机能够执行一些传统上只有人类智能才能完成的复杂任务，极大地扩展了技术的应用范围和能力。

1.1.1.4 人工神经网络

人工神经网络（Artificial Neural Network，ANN）是一种受到生物神经网络结构和功能启发的计算模型。人类大脑由无数的神经元组成，这些神经元通过突触相互连接。人工神经网络模仿这种结构，利用计算模型来模拟大脑的工作方式。

一个人工神经网络由许多连接的单元或节点组成，这些单元被称为"人工神经元"或"节点"。这些节点通过连接（类似于突触）相互联系。每个节点接收来自其他节点的输入信号，经过处理后，将输出信号发送给下一个节点。这里的"信号"通常是一个实数值，每个节点的输出是通过一个激活函数（通常是非线性的）对其输入加权求和后计算得到的。连接的强度由一个称为"权重"的参数决定，这个权重会在学习过程中被调整。

神经网络通常将节点组织成多层。不同的层对输入数据进行不同的变换。信号从第一层（输入层）传递到最后一层（输出层），可能会经过一个或多个中间层（隐藏层）。如果一个网络拥有多个隐藏层，它通常被称为深度神经网络（Deep Neural Network，DNN）。

人工神经网络被用于多种任务，包括模式识别、分类、回归、自适应控制以及解决各种人工智能问题。它们能够从经验中学习，并从复杂且表面上看似无关的信息中提取有用的特征。

神经网络通常通过优化算法进行训练，以最小化预测输出与实际目标值之间的差异，即损失函数。常用的方法是基于梯度的优化算法，如反向传播算法。在训练过程中，人工神经网络通过迭代，更新其权重参数，从标记的训练数据中学习。这使得网络能够对未见过的数据进行泛化。

人工神经网络是模仿大脑结构和功能的计算模型，通过调整内部参数来优化性能，从而能够完成分类、预测等复杂任务。

1.1.1.5　大型语言模型

大型语言模型（LLM）是一种计算模型，因其在生成通用语言和执行其他自然语言处理任务（如分类）上的能力而受到关注。这些模型通过学习大量文本中的统计关系，在一个计算密集的自我监督和半监督训练过程中获得这些能力。简单来说，就像阅读了很多书籍的人可以学会写作和理解复杂的语言，大型语言模型通过阅读大量的文本"学习"如何理解和生成语言。

大型语言模型是一种人工神经网络。到 2024 年 3 月，最大和最强大的模型，如 GPT-3 和 GPT-4，主要使用了一种叫作"变换器"的架构。这种模型可以接受一段文本输入，然后预测接下来的词或符号，从而生成文本。这就像电脑在写故事或回答问题时，能够根据已有的内容继续写下去。

这些模型可以用于文本生成，这是一种生成性人工智能形式。除了文本生成，它们还广泛应用于许多领域，如辅助写作、自动回答问题，甚至创作诗歌或文章。

历史上，2017 年，谷歌的研究者在 NeurIPS 会议上，在他们的开创性论文

Attention Is All You Need 中首次介绍了变换器架构。这篇论文的目标是改进 2014 年的 Seq2seq 技术，主要基于 2014 年开发的注意力机制。随后的几年里，基于这种架构的模型迅速发展，如 BERT、GPT-2 和 GPT-3 等，它们在处理语言任务时表现出色。

尽管这些模型在技术上非常先进，但它们也反映了训练它们所用数据的偏见和不准确性。这意味着如果训练数据中包含错误或偏见，模型也可能"学会"这些错误或偏见。

总之，大型语言模型是利用先进的计算技术，通过模拟人类的语言理解和生成能力，帮助计算机执行各种语言任务的强大工具。它们通过读取和分析海量的文本数据，学习如何理解和生成语言，从而在人类与计算机的互动中扮演着越来越重要的角色。

1.1.1.6 大型语言模型的训练和成本

大型语言模型的训练机制与人类学习语言的过程颇有相通之处。要构建这类智能系统，需要为其提供海量文本数据——从经典著作到网络资讯，从学术论文到百科知识，这些多元化的语料如同知识海洋，让模型逐步掌握语言的规律与奥妙。以 Common Crawl 网络爬虫数据库为例，其收录的 PB 级网页数据构建了语言理解的基石；而专为 AI 训练设计的 Pile 数据集，则通过整合维基百科、学术期刊等高质量内容，为模型注入结构化知识。

整个训练流程可分为三个核心环节。

在数据准备阶段，工程师需要构建超大规模语料库。这不仅涉及数十 TB 数据的采集整理，更需通过数据清洗技术去除重复内容、过滤低质量文本及敏感信息，确保模型接触的是经过提炼的优质知识。这个过程如同为 AI 筛选教材，既要保证知识广度，也要维持内容纯度。

在模型训练阶段，变换器架构发挥着核心作用。这种专为序列数据处理设计的神经网络，通过自注意力机制捕捉文本中的深层关联，如同人类阅读时对关键信息的聚焦。训练过程中，工程师运用梯度下降等优化算法持续调整数十亿参数，借助高性能 GPU 集群进行海量矩阵运算。例如，2023 年训练 120 亿参数模型需消耗 72300 个 A100 GPU 小时，而谷歌的 5400 亿参数 PaLM 模型训练成本更是高达 800 万美元。

为提升训练效率，技术团队会采用多种优化策略：字节对编码（BPE）算法将复杂词汇拆解为子词单元，如同将生词分解为词根词缀；知识蒸馏技术则能压缩模型规模而不失性能；混合精度训练可大幅降低显存占用。这些创新使得训练成本从 2020 年 15 亿参数模型的百万美元级，逐步下降到如今更亲民的水平。

值得注意的是，训练资源的消耗正随着技术进步持续优化。专用 AI 芯片（如 TPU）的普及、分布式训练算法的改进，以及数据筛选技术的提升（类似备考时的重点突破策略），都在推动大型语言模型训练进入高性价比时代。这种技术演进不仅让自动写作、智能问答等应用成为可能，更使得前沿 AI 技术逐步走出实验室，服务于更广泛的社会场景。当训练成本曲线与算力增长曲线形成良性互动时，我们正见证着人工智能普惠化进程的重要突破。

简单来说，大型语言模型的推理就是在实际使用这个模型来处理语言相关任务的过程。当人们谈到"推理"，一般是指模型使用其训练期间学到的知识来理解新输入的文本，并根据这些信息生成响应。例如，当人类向一个聊天机器人输入一个问题时，进行推理就是这个机器人分析人类的问题并给出答案的过程。

推理的计算需求虽然低于训练阶段，但仍然需要相当的计算资源。

推理可以在不同的平台和设备上进行，包括通过互联网连接到云服务器，或者直接在用户的手机或计算机上。无论是通过网络服务还是本地设备，推理的目的都是利用模型的语言处理能力来执行具体的任务，如回答问题、写作或翻译文本等。这个过程展示了模型如何将它从大量数据中学到的复杂语言规则应用到实际的语言使用场景中。

网络服务推理：闭源的大型语言模型通常通过网络服务提供，这意味着它们部署在云端的服务器上，并通过互联网提供服务。用户通过网络发送输入（如问题或命令），服务器处理这些输入并返回相应的输出。例如，OpenAI 的 GPT 和 Anthropic 的 Claude 模型就是通过互联网提供服务的。同时，一些开源模型，尽管本身可自由下载和使用，也被部署在云服务上以便用户方便使用，如 Meta 的 LLaMA 3 模型就可以通过 meta. ai 网站进行在线使用。

本地离线推理：随着设备处理能力的提升，越来越多的设备能够在本地直接运行大型语言模型。这不仅包括传统的 GPU，还有专为 AI 任务设计的神经处理单元（NPU）。GPU 由于其强大的并行处理能力，早已被用于支持复杂的 AI 计算。而 NPU 是更近期的创新，它们专为优化机器学习模型的运算而设计，可以更高效地进行 AI 推理，消耗更少的能量。例如，一些最新的智能手机和计算机平台已经开始整合这些专用 AI 硬件。这些设备的 NPU 能够支持运行数十亿参数的模型，使得设备无须连接网络即可执行诸如语音识别、实时翻译或个性化推荐等任务。手机芯片设计商和芯片制造商，如高通和英特尔，都在其最新的芯片中加入了这样的 NPU，使得即使是移动设备也能够在本地提供强大的 AI 功能。

无论是通过云端的网络服务还是直接在本地设备上进行推理，大型语言模型正在以各种形式融入人们的日常生活，提供自动化的语言处理服务。随着硬件技术的不断进步，预计未来在更多的设备上直接运行这些高级 AI 模型将变得更加便捷和普遍。

1.1.2　主流大型语言模型概览

本节将深入探讨主流的大型语言模型，为读者提供一个全面的了解和比较的基础，从不同的角度来分类和介绍这些模型。

首先，根据模型的开发地区或者服务的面向地区，大型语言模型可以区分为国际的和国内的。

其次，按照是否开源将模型分为开源和闭源。开源模型通常更易于访问和修改，鼓励了广泛的学术和业界合作；而闭源模型则常由单一公司控制，可能包含专有的技术或商业策略。

再次，将探讨这些模型的应用形式，即它们是直接面向普通用户，还是作为API 服务提供给开发者使用。这一区分有助于理解各大型语言模型产品的市场定位和目标用户群。

在介绍完这些分类基础后，还将介绍各大公司的代表性产品，包括但不限于OpenAI 的 GPT 系列，Anthropic 的 Claude，Google 的 Bard 到 Gemini，Meta 的LLaMA 3，以及我国的 DeepSeek 等，每家公司的语言模型都有其独特的发展历程和市场表现。

最后，为了全面评估这些模型的性能，将参考当前流行的几种评估方法和排行榜，如 AlpacaEval Leaderboard 和 HuggingFace 的模型排行，这些都是衡量模型先进性和实用性的重要指标。

1.1.2.1　主流大型语言模型的分类

A　按开发和服务地区

在探索大型语言模型的全球布局时，首先按照模型的开发地区或服务面向地区来区分国际与国内模型。这种分类揭示了语言模型在不同地区所遵循的法律法规、技术标准及其市场策略。

a　国际模型

国际上的大型语言模型（如 OpenAI 的 GPT 系列、Google 的 Gemini 和 Meta 的 LLaMA 系列）通常面向全球市场。然而，出于技术、政策和商业考虑，这些模型并非在所有地区都提供服务。例如，GPT 和 Gemini 等模型没有对我国大陆市场开放。这些公司通常会建立自己的道德框架和 AI 准则，如 Anthropic 的"宪法 AI"训练方法。这种方法不仅致力于提升 AI 系统的透明度和安全性，还通过不依赖于人类反馈的决策制定过程，确保技术用于正当用途。此外，这些模型还采用审查和隐私保护措施，力求在创新的同时制止潜在的不当行为和犯罪。特别是在处理可能涉及违法犯罪的问题时，这些模型设计有机制来拒绝提供相关信息，从而确保其不被用于非法活动。

b　国内模型

我国大陆的大型语言模型，如百度的文心一言、腾讯的混元大模型，积极遵守国家严格的法律法规。根据《生成式人工智能服务管理暂行办法》，这些模型需进行安全评估，以确保它们提供的服务不具有误导性舆论或社会动员的风险，并严格按照《互联网信息服务算法推荐管理规定》完成算法的备案及必要的审查程序。此外，根据国家互联网信息办公室 2024 年 4 月 2 日的《国家互联网信息办公室关于发布生成式人工智能服务已备案信息的公告》，已有 117 个服务成功完成生成式人工智能服务的备案，这一措施不仅指导和规范了国内模型的开发、部署与应用，还促进了行业的创新发展和规范应用。这也表明中国在推动 AI 技术的合规性和社会责任方面取得了实质性进展。

此外，值得一提的是，如果在国内通过套壳或转接国外服务来提供大型语言模型的服务，而未遵守国内的相关法律法规进行有关的评估、备案手续是违法的。有关部门可能会对违反规定的企业和个人进行相应的法律追责。只有严格遵守有关法律才能保护用户的利益和国家的信息安全。

B　按开放程度

在探讨大型语言模型时，其开放程度是一个重要的分类维度，它涵盖了从完全闭源到完全开源的不同层次。这一分类帮助读者理解不同组织如何分享各自的技术，以及这些技术如何被社区利用和进一步发展。

a　完全闭源

在这一类别中，模型及其所有组成部分（包括训练数据和方法）均不对外公开，通常仅通过在线服务来提供。这意味着用户无法通过合法渠道获取模型的权重，并且通常不能私有化部署，除非提供商决定提供这种服务。即便如此，模型的内部工作原理和数据处理方式仍然保持不透明。例如，Anthropic 的 Claude 系列和 OpenAI 的 GPT 系列均属于此类，尽管它们提供了强大的功能，但用户需要通过互联网连接到服务提供商的服务器来使用这些功能，从而依赖在线 API 调用来处理和生成响应。这种方式确保了模型的控制权和知识产权保持在原公司手中，同时也限制了用户对模型的自定义和优化能力。

b　开源权重

在此类别中，模型的权重是公开的，允许用户下载并在私有服务器上部署。这种开放性使得模型可以广泛传播，并被更多开发者和研究人员用于各种应用。尽管训练数据和方法可能仍然是闭源的，开源权重的模型提供了足够的灵活性，使得用户可以对其进行调整和优化。例如，Meta 的 Llama 系列模型，特别是最新发布的 Llama 3 模型，虽然训练数据的具体细节未公开，但其权重已经可以通过 Hugging Face 平台下载。Hugging Face 是一个支持开源 AI 技术的社区，类似于 GitHub，专注于促进机器学习模型的协作和共享。在国内，类似的社区是 model-scope。

开源权重的一个显著优势是它允许进行定制化微调。许多组织和研究机构已经利用这一点，基于开源权重进一步训练模型以适应特定的应用需求。例如，中国联通 AI 创新中心就在 Llama 3 模型发布后不到两天时间的时间内，发布了业界首个基于该模型进行中文指令微调的版本。

这种开源权重模型的策略极大地促进了全球 AI 社区的协作与创新，为不同语言和文化背景的 AI 应用提供了强大的动力，并显著提高了模型的应用灵活性和快速部署能力。

c 完全开源

市场上完全开源的模型虽然较少，但这种高度透明的开放策略极大地推动了学术研究和技术革新。完全开源的模型包括详尽的训练代码、数据处理方法和模型配置，使研究人员能够不仅复现已有成果，还能基于此进行进一步的改进和创新。例如，Open Language Model（OLMo）是一个全面开放的语言模型框架，旨在通过共享数据、训练方法、模型权重和评估工具来推进 AI 的开放研究，使全球学者和研究人员可以集体深入探究语言模型的科学原理。OLMo 框架利用基于 AI2 的 Dolma 数据集提供了包含三万亿 Token 的完整预训练数据。

此外，苹果公司的 OpenELM 系列也是一个典型案例。尽管 OpenELM 的许可证设有某些限制，可能不完全符合传统的开源定义，但其源代码和模型权重已在 Hugging Face 平台公开。这些模型使用的公共数据集包括 RefinedWeb、PILE 的去重版本、RedPajama 的子集以及 Dolma v1.6 的子集，共计大约 1.8 万亿 Token。

又如，AMD 公司发布的 OLMo 模型提供了完整的模型权重、训练代码、训练数据集以及训练过程的详细信息；英伟达公司发布的 NVLM 模型，相比模型权重已开源，训练代码也计划开源，但本书成稿时（2025 年 4 月）尚未开放训练代码，其项目首页写着即将开放。

这些全面开源的模型为 AI 研究社区提供了宝贵资源，推动了技术的普及，使更多的研究者和开发者能够参与到尖端技术的研究与开发中。

通过这样的分类，读者不仅可以看到各个组织在 AI 技术开放性上的不同策略，还能理解这些策略如何影响技术进步和广泛应用。这些开源模型为 AI 技术的未来发展提供了多样化的路径和广阔的可能性。

1.1.2.2 大型语言模型的产品形式与应用范围

大型语言模型在商业应用中展示出极大的灵活性和多样性。这些模型通常以两种主要方式提供服务：一种是通过 API 供开发者和企业使用；另一种是直接以应用产品（如网页或 APP）的形式服务于终端用户。这种双重服务模式使得同一模型可以在不同的环境和场景下发挥作用，从而满足更广泛的市场需求。

例如，OpenAI 的 GPT 系列模型不仅提供了 API 接口，供开发者集成到自己的应用程序中，实现自定义的文本生成和处理功能，还推出了如 ChatGPT 这样的聊天机器人（网页和手机 App），为普通用户提供交互式对话体验。

Meta 的 Llama 3 模型作为一个开源模型，不仅可以通过 API 在云端或本地部署使用，还可以通过已部署的对话服务如 meta.ai 网页直接进行交互。

字节跳动开发的云雀语言模型也提供了类似的灵活使用方式，既可以通过字节的云平台进行简单的 API 调用来快速搭建 AI 应用，也可以通过"豆包"网页或手机 App 直接为最终用户提供服务。

通过这种灵活的服务模式，大型语言模型不仅充当技术服务的后端支持，还能直接作为用户界面的一部分与用户进行交互。这种多功能性和广泛的适用性是大型语言模型在市场上流行的因素之一，同时也推动了技术的边界扩展和新应用场景的探索。此种模式的优势在于它能同时满足技术开发者和非技术普通用户的需求，极大地扩展了 AI 技术的应用领域和用户基础。

1.1.2.3 一些流行的大型语言模型产品的介绍

A OpenAI 的 GPT 系列

OpenAI 成立于 2015 年，是一家位于美国加利福尼亚州旧金山的人工智能研究组织，致力于开发"安全且有益"的人工通用智能（AGI）。该组织以其开发的大型语言模型和先进的图像生成模型而闻名。尤其是在 2022 年 11 月推出的 ChatGPT，它基于 GPT-3.5 模型，迅速引发了 AI 技术的爆炸性增长。在推出后的仅仅五天内，ChatGPT 就吸引了超过一百万用户注册，这一数字充分展示了其在全球范围内的巨大影响力和引人注目的吸引力。

2019 年，OpenAI 从非营利组织转变为营利性公司，以吸引风险投资并向员工提供股份。该组织与微软建立了密切的合作关系，微软对其进行了数十亿美元的投资，并为其提供了基于 Azure 的超级计算平台，这些投资显著加速了 OpenAI 的研发进程。

在产品推出方面，OpenAI 自 GPT-3 以来，陆续推出了多个引人注目的产品，包括语言模型 GPT-4、图像生成模型 DALL-E，以及代码生成工具 Codex。特别是 GPT-3 和 GPT-4，以其强大的语言处理能力和广泛的应用场景在市场上取得了显著的成功。OpenAI 在电子竞技领域也有显著成就，其开发的 OpenAI Five 在 Dota 2 游戏中表现卓越，成功地与顶尖的人类选手竞争，展示了 AI 在复杂策略环境中的高水平表现。

OpenAI 提供了 API 服务和 ChatGPT 服务两种主要的服务形式，它们的定价策略各有不同。对于 API 服务，OpenAI 设计了基于用量的定价模型。具体而言，OpenAI 的 API 服务按照请求的次数以及处理的数据量来收费，不同的 API 功能（如文本生成、翻译、代码生成等）可能有不同的定价标准。例如，GPT-3 API 的定价可能会从每 1000 个请求的几美分起步，具体费用取决于模型的复杂度和请求的数据量。至于 ChatGPT 服务，OpenAI 提供了免费版本和付费版本（ChatGPT Plus）。免费版本对用户的使用有一定的限制，如每日的使用次数和访问速度。而 ChatGPT Plus 版本则提供了更高的使用频率和更快的响应速度，订阅费用大约为每月 20 美元。这一付费服务旨在为那些需要高频使用或更稳定服务的用户提供额外的价值。通过这样的定价策略，OpenAI 旨在满足不同用户的需求，无论是偶尔需要 AI 服务的个人用户还是需要大量 AI 处理能力的企业用户。

为了更便利地访问这些服务，OpenAI 不仅提供了网页版服务，还开发了 iOS 和 Android 平台的应用程序，允许用户在移动设备上直接与其 AI 模型互动，进一步提高了其服务的可及性和便捷性。

截至 2024 年 5 月，OpenAI 在约 188 个国家和地区提供其服务，但由于 OpenAI 没有在中国大陆正式提供服务，并且屏蔽了来自中国大陆的访问请求，一些国内中介网站开始提供非官方的访问服务，以满足当地用户对 ChatGPT 等产品的高需求。这些非官方服务未经网信办备案，根据《生成式人工智能服务管理暂行办法》，在中国大陆提供未备案的生成式人工智能服务是不符合法规的。此外，这些中介网站向用户收取费用以访问 OpenAI 本就免费提供的服务，这种做法违反了法律规定关于消费者权益保护的要求，还可能涉及不正当竞争和虚假宣传。已经有多起此类中介因违法行为被相关部门查处，显示出政府对维护市场秩序和保护消费者权益的坚定决心。因此，用户在利用这些服务时需要格外谨慎，避免因侵权行为而遭受损失。同时，越来越多的我国公司和开发者寻求本土化的 AI 解决方案，我国的科技巨头（如百度、阿里巴巴、腾讯等）也在加速推出类似于 OpenAI 的产品和服务，以满足国内市场的需求。

此外，OpenAI 的盈利模式转变、开源承诺的调整以及 AI 伦理问题的讨论，都引起了广泛关注和争议。最初，OpenAI 承诺以非营利方式运作，公开其研究成果，以促进全球 AI 技术的安全发展。然而，后来的盈利实体转变以及对开源策略的调整，使得 OpenAI 在社区内外面临批评，批评者担忧这可能会影响其公共使命和对 AI 安全的承诺。

B　Anthropic 的 Claude 系列

Anthropic 是一家成立于 2021 年的美国人工智能初创公司，总部位于加利福尼亚州旧金山。该公司由前 OpenAI 成员 Daniela Amodei 和 Dario Amodei 等人创立，致力于开发并研究人工智能的安全属性，并将这些研究成果部署为公众所用的安全、可靠模型。Anthropic 推出的 Claude 语言模型系列，与 OpenAI 的 ChatG-PT 和 Google 的 Gemini 是竞品关系。

Anthropic 因对 OpenAI 与微软合作的方向持有分歧而成立。2022 年，公司宣布获得 5.8 亿美元的资金，其中包括 FTX 的投资。到 2023 年，Anthropic 与亚马逊和谷歌建立了合作关系，获得了数十亿美元的投资，这些投资极大地推动了公司的研发和扩张。

Anthropic 在 2023 年首次向公众开放其 Claude 模型，随后推出了更高级的版本 Claude 2 和 Claude 3。这些模型不仅能处理文本输入，还能处理图像输入，表现出在多模态人工智能领域的先进能力。该公司的模型以安全性和可靠性研究而闻名，尤其是其开发的"宪法 AI"系统，该系统确保 AI 输出与人类价值观和安全标准一致。

关于定价策略，Anthropic 采用了分层定价模式。一方面，Anthropic 为企业用户提供了 Claude Team 计划，这包括一个基于网页的对话系统，这个 Team 计划专为团队设计，强调在团队独特需求和目标的基础上塑造工作流程，而不是受现有工具的限制。此计划提供对 Claude 3 模型家族的完整访问权限，包括 Opus、Sonnet 和 Haiku 等模型，适用于不同的商业用途。此外，Team 计划还支持处理长文档、讨论复杂话题并维护多步对话，月费为每用户 30 美元，起订量为 5 个用户。另一方面，Anthropic 也向公众提供免费的语言模型服务，使广泛的用户群体能够体验其 AI 技术。此外，还有 Claude Pro，这是一个高级版本的聊天机器人，提供优先访问权限和更高的使用率，月费为 20 美元，旨在为需要高级功能的用户提供增强服务。

通过这种多层次的定价和服务模式，Anthropic 旨在满足从个人到大型企业的不同用户需求，无论是通过传统 API 还是直接的网页对话接口，用户均能找到适合自己的服务选项。

Anthropic 的服务可通过网页、iOS 应用程序（2024 年 5 月 1 日推出）以及 API 的形式获取，支持用户在多种平台上直接与 AI 模型交互。这种跨平台策略旨在让 Anthropic 的先进 AI 技术触及更广泛的用户群体，包括个人和企业用户。

截至 2024 年 5 月，Anthropic 在全球约 97 个国家和地区提供服务，但服务尚未覆盖中国大陆地区，无法直接访问。

C　Google 的 Gemini

谷歌推出的生成式人工智能产品 Gemini 是基于同名大语言模型开发的智能对话系统。该产品线最初于 2023 年 12 月面世，随后在 2024 年 2 月完成品牌整合——原 Bard 对话系统及 Duet AI 办公套件（现更名为 Gemini for Google Workspace）均纳入 Gemini 品牌体系，标志着该技术正式成为谷歌 AI 战略的核心载体。这一布局旨在与 OpenAI 的 ChatGPT 等竞争对手争夺人工智能领域的主导权。

技术架构方面，Gemini 系列深度融合了谷歌在变换器神经网络架构、多模态数据处理等前沿领域的创新成果。其设计目标包括实现跨语言服务能力（支持中文等主要语种）、多样化任务处理（涵盖创意文本生成、代码编写、精准翻译及复杂问题解答等功能），体现了谷歌在通用人工智能领域的探索。尽管 Gemini 的发布被视为谷歌 AI 战略的重要里程碑，但其发展过程也面临诸多挑战。2024 年年初，该模型因历史人物图像生成失实引发公众争议，促使业界深入探讨 AI 伦理与算法偏见问题。更早的产品演示阶段，系统输出的信息误差甚至导致母公司 Alphabet 股价出现短期波动。

为应对这些挑战，谷歌持续加强技术投入：一方面将 Gemini 深度整合至

ChromeOS 操作系统和 Pixel 硬件生态；另一方面通过更新 AI 伦理准则与安全框架来应对技术演进中的新问题。公司管理层强调，在严格遵守全球数据隐私法规的前提下，将持续优化 Gemini 的服务安全性和实用价值。

在价格方面：Gemini 2.0 Flash 版本为用户提供免费额度和按需计费服务。在免费额度内，输入和输出完全免费，并且包含每日 1500 次与 Google Search 关联的请求。超出免费额度的部分将进入按需计费模式，费用如下：文本、图像和视频处理的费用为每百万 tokens 0.15 美元，批量处理为每百万 tokens 0.075 美元；音频处理的费用为每百万 tokens 1.00 美元，批量处理为每百万 tokens 0.05 美元；文本输出的费用为每百万 tokens 0.60 美元，批量处理为每百万 tokens 0.30 美元。此外，超出免费额度的 Google Search 关联请求将按每千次 35 美元计费。Gemini 2.0 Flash Lite 版本仅提供按需计费服务，没有免费额度。其费用包括：所有模态输入（文本、图像、视频、音频）的费用为每百万 tokens 0.075 美元，批量处理为每百万 tokens 0.0375 美元；文本输出的费用为每百万 tokens 0.30 美元，批量处理为每百万 tokens 0.15 美元。

D Meta 的 LLaMA 系列

LLaMA（Large Language Model Meta AI）是 Meta（原 Facebook）发布的一系列自回归大型语言模型（LLMs），首次发布于 2023 年 2 月。该系列包括四种模型尺寸：7B 参数、13B 参数、33B 参数和 65B 参数。开发者报告显示，13B 参数的模型在多数自然语言处理（NLP）基准测试中的表现超过了具有 175B 参数的 GPT-3，并且 65B 参数的模型与如 PaLM 和 Chinchilla 等最先进的模型具有竞争力。

与通常只通过限制性 API 提供访问的大型模型不同，Meta 向研究社区公开了 LLaMA 的模型权重，采用非商业许可形式发布。

2023 年 7 月，Meta 发布了几种新模型，如 Llama 2，参数规模为 7B、13B 和 70B。Llama-2 在架构上与 LLaMA-1 类似，但在训练基础模型时使用了更多的数据。与 LLaMA-1 不同的是，所有 Llama-2 模型的权重均已发布，且许多商业用例可以免费使用。

2024 年 4 月 18 日，Meta 发布了 Llama-3，参数规模为 8B 和 70B。这些模型在大约 15 万亿文本 token 上预训练，并在"公开可用的指令数据集"上进行了 fine-tuning，涵盖了超过 1000 万的人类标注示例。Meta 计划发布多模态模型、多语言对话模型和具有更大上下文窗口的模型。目前正在训练一个参数超过 400B 的版本。

LLaMA 的开发和发布标志着 Meta 在 AI 领域的重大投资和战略调整。相比之前公司专注于元宇宙的概念（公司名称从 Facebook 改为 Meta），LLaMA 项目的推出使得 Meta 股价显示出上升趋势，这与之前元宇宙概念受到市场冷淡反应形成鲜明对比。

　　用户不仅可以通过 Meta 的官方网站 Meta. ai 访问 LLaMA 的网页版 chatbot，还可以在遵守开源协议的前提下自行部署模型。Meta 的这一开源策略被看作是对 AI 领域开放创新的重要贡献，也可能对 AI 研究和应用的未来发展产生深远影响。

　　E　阿里的通义千问

　　阿里巴巴的通义千问是一个大规模语言模型，具有多轮对话、文案创作、逻辑推理、多模态理解和多语言支持的功能。该模型的名称源自《汉书》中的"天地之常经，古今之通义也"，象征着普遍适用的道理与法则。

　　关于开源方面，阿里巴巴已经开源了通义千问的多个版本，包括：2023 年 12 月 1 日，阿里云开源了包括 720 亿参数的通义千问模型 Qwen-72B 和其他规模的模型。2024 年 4 月 7 日，阿里云进一步开源了 320 亿参数的通义千问模型 Qwen1. 5-32B，该模型旨在实现性能、效率和内存使用的最佳平衡。阿里云还在 2024 年 3 月和 4 月开源了包括 27 亿参数的 MoE 模型 Qwen1. 5-MoE-A2. 7B 在内的多种参数规模的模型。

　　用户可以通过阿里云平台 API 调用通义千问服务，也可通过网页或手机 App 体验模型功能。

　　F　DeepSeek

　　DeepSeek 是由中国杭州深度求索公司研发的新一代大语言模型系列，其技术创新与开源战略在全球 AI 领域引发变革浪潮。2025 年初发布的 DeepSeek-R1 与 2024 年末推出的 DeepSeek-V3，以低成本、高性能和开源特性突破技术封锁，成为行业重要里程碑。

　　DeepSeek-V3 采用混合专家架构与注意力机制创新，在降低计算资源消耗的同时实现性能突破。该模型通过动态分配计算资源的机制，有效应对复杂场景需求，已被国内主流云平台集成，并在各个领域推动智能化升级。

　　DeepSeek-R1 通过纯强化学习框架与多阶段训练管道革新了复杂任务处理范式，在数学推理（AIME 2024 准确率 79. 8%）、代码生成（Codeforces 评分 2029）等核心领域达到 GPT-4 级别性能。其开源策略与训练成本仅为 OpenAI 同类产品的 3%，推动全球开源模型推理能力实现代际跃升——通过知识蒸馏技术将 6710 亿参数模型能力迁移至 1. 5B~70B 规模的开源基座模型（如 Qwen、Llama 系列），使蒸馏后的 Qwen-32B 在 AIME 测试准确率提升至 72. 6%，超越 Claude-3. 5 等主流模型。

　　DeepSeek-R1 的研发突破引发国内外广泛关注，作为国产大语言模型，其本土化优势显著降低技术应用门槛。尤其在中文语义理解、专业术语处理等场景表现超越国际主流模型，推动国内各行业加速部署智能化升级。典型应用（如腾讯元宝 App）接入该模型后，依托更精准的交互体验，下载量反超豆包等同类产品，跃居应用商店 AI 类应用前列。这种技术普惠效应正重构国内 AI 产业生态，形成"本土研发—行业适配—用户增长"的良性循环。

G　腾讯的混元大模型

腾讯混元大模型是由腾讯研发的一款高性能中文语言模型，旨在为用户提供卓越的中文创作、复杂逻辑推理及高效任务执行能力。该模型共提供三个版本，以满足不同需求。

（1）hunyuan-pro：顶级性能版，搭载万亿级参数的 MOE-32K 模型，专为解决复杂任务而设计，如复杂推理和指令执行。输入限制为 28k 字符，输出限制为 4k 字符。

（2）hunyuan-standard：性价比卓越版本，同样采用 MOE-32K 模型，具备处理长文本输入的能力。输入限制为 30k 字符，输出限制为 2k 字符。

（3）hunyuan-lite：平衡版，适用于中文和英文 NLP、编程及数学任务。输入限制为 3k 字符，输出限制为 1k 字符。

腾讯混元大模型的计费方式是按需付费，具体价格如下。

（1）hunyuan-pro：每 1000token 计费 0.10 元。

（2）hunyuan-standard：每 1000token 计费 0.01 元。

（3）hunyuan-lite：每 1000token 计费 0.008 元。

该模型主要通过 API 方式提供服务，可通过腾讯云平台调用，提供一定的免费调用额度。此外，普通用户还可通过网页和微信小程序免费体验基于混元大模型的聊天机器人——腾讯混元助手，在微信中搜索"腾讯混元"可以进入使用。

H　字节跳动的云雀/豆包

字节跳动打造的豆包 AI 体系构建了从底层大模型到终端场景的完整技术生态。其技术基座以豆包大模型（前身为云雀大模型）为核心，采用模块化架构整合多个专业模块（包括基础大模型、语音识别引擎、文生图模型等），通过动态调度实现多模态任务的高效处理。模型矩阵包含面向复杂场景的 Pro 版与移动端优化的 Lite 版双轨架构，同时衍生出角色扮演、声音复刻等垂直模型，日均处理 Tokens 量超 4 万亿（截至 2024 年 12 月），推理成本显著低于行业平均水平。该架构与 Coze 智能体开发平台形成技术协同，支持开发者快速创建个性化智能体并接入豆包生态。

在应用层布局中，豆包 App 通过多维功能矩阵构建差异化体验。其智能交互系统支持双向语音对话与多种音乐风格生成，音色克隆技术可提供个性化声纹定制；生产力工具链整合了高精度文件解析系统（支持 PDF、扫描件及代码库处理），结合 AI 编程辅助形成开发闭环；创作模块提供文生图、音乐生成及内测中的视频生成能力，覆盖多模态内容生产需求。生态扩展方面，硬件端接入搭载

AI 语音交互功能的 Ola Friend 耳机，软件端通过浏览器插件实现网页智能解析，并与抖音形成内容创作-分发的流量循环。

这种"基础模型+场景化工具+开放生态"的三层架构，使豆包在保持中等智能水平的同时，通过功能完备性形成独特竞争力。截至 2025 年 1 月，该生态月活用户接近 6000 万，开发者通过 Coze 平台创建智能体超 200 万个，成为国内头部 AI 应用集群。Ola Friend 等硬件产品与豆包主应用形成协同效应，共同构建字节跳动的 AI 产品矩阵。

I　其他

本书前面提到，根据网信办的备案，已有 117 个大型语言模型注册。在这些模型中，部分已经在业界建立了较高的知名度和应用价值。例如，科大讯飞的"星火认知大模型"、北京智谱华章科技有限公司开发的"智谱清言（Chat-GLM）"，以及华为的"华为云盘古 NLP 大模型"和"智慧助手（小艺）大模型"。这些模型广泛应用于多种行业，推动了人工智能技术的实际落地。

国际上，也有多个引人注目的模型，如 Mistral AI 的"Mistral"，Databricks and Mosaic ML 的"DBRX"，以及由 Twitter（现 X 公司）开发的"Grok"，这些模型各有所长。

以上仅是全球范围内众多大型语言模型的一部分。随着技术的迅速进步和应用需求的不断扩展，可以预见，在未来，更多功能强大、应用广泛的模型将持续涌现。

1.1.2.4　一些流行的大型语言模型的排行榜

随着众多大型语言模型的涌现，如何客观地评价这些模型的性能成了一个重要的挑战。针对这一需求，多个平台（如 AlpacaEval Leaderboard、LMSYS 以及 HuggingFace）提供了专门的排行榜。这些排行榜通过标准化的测试和公开的评分机制，为比较和评估这些模型提供了一种客观的方法。

AlpacaEval 是一个快速、经济且可靠的自动评估工具，专为大型语言模型设计。该评估工具依托于 AlpacaFarm 评估集，主要测试模型按照用户指令执行任务的能力。评估过程中，模型的响应将与参考答案（AlpacaEval 使用 Davinci003，AlpacaEval 2.0 使用 GPT-4 Preview）进行对比，此对比工作由基于 GPT-4 的自动注释器负责，以此计算出模型的胜率。AlpacaEval 的结果与人类标注高度一致，其排行榜与基于人工评注的排行榜密切相关，为语言模型的性能提供了精准的衡量标准。

LMSYS 排行榜由 Large Model Systems Organization 提供和运营，该组织由来自加州大学伯克利分校、圣地亚哥分校以及卡内基梅隆大学的学生和教师共同创立。作为一个专注于开源大型模型开发和评估的研究组织，LMSYS 提供了名为 Chatbot Arena 的平台，通过社区众包方式来评估大型语言模型的表现。此平台汇聚了超过 800000 条人类双边比较数据，使用 Bradley-Terry 模型在 Elo 比例尺上排名各大模型。Chatbot Arena 运用 Arena Elo、MT-Bench 和 MMLU 三种主要的评测方法分别测试模型在对话处理、多轮问答和多任务准确性上的能力。这些综合评估有助于比较和理解不同模型在实际应用中的性能表现。

Hugging Face 的开源大型语言模型排行榜是目前最受欢迎的榜单之一。该排行榜专门针对开源语言模型，包括 Mixtral 和 LLaMA 等知名模型，也有通义千问（Qwen）等模型。这些模型被跨多个基准测试、模型类型和模型大小进行排名。然而，这个榜单并不包括像 Gemini 和 GPT 这样的专有模型。

在这些排行榜上，如 OpenAI 的 GPT-4、Anthropic 的 Claude 以及 Google 的 Gemini 等模型通常占据领先地位，展现出其在处理复杂任务时的卓越能力。此外，Meta 的 LLaMA 模型也频繁出现在前列，证明了其在多个评估标准上的优异表现。

这些排行榜根据不同的需求设置多样化的评估标准，有的专注于通用性能，如精确性、成本效益和响应速度，而有的排行榜（如 Vals AI）则专门针对特定行业（如收入税、公司财务和合同法）进行深入测试。这为评估模型在特定职业任务中的适用性提供了精确的度量工具。

通过详尽的测试和评估，这些排行榜揭示了各模型在特定任务（如法律、金融分析和多语言处理等领域）的优势与局限。这为研究者和技术开发者提供了重要指导，帮助他们理解不同模型在实际应用中的潜力和效率。客观的比较和评价机制不仅是推动大型语言模型技术发展的重要因素，也助力用户在选择适合其特定需求的模型时作出更为合理的决策。

1.2 访问国外 AI 服务：使用公有云服务

在当前的网络环境中，访问国外流行的大型语言模型人工智能服务面临着多种挑战。其中主要的挑战可以分为商业和技术两个方面。

（1）商业挑战：很多国外的 AI 服务，如 ChatGPT 和 Claude 等大型语言模型，没有直接向中国市场开放。这可能是由于国际贸易政策、出口控制以及各国之间的数据保护法规差异等多种原因。这些问题限制了国内用户直接访问和使用这些服务的能力。

（2）技术挑战：主要包括网络连接的稳定性和速度。很多时候连接国外的 AI 服务可能会遇到网络延迟高和连接不稳定的问题，例如，从中国大陆访问 ChatGPT 或 Claude 服务时，可能会由于 IP 归属地的问题而被拒绝服务。这不仅影响了服务的使用体验，还可能限制了某些实时或需要高响应速度的 AI 应用的可行性。

国内云服务的解决方案：针对上述挑战，国内的云服务提供商（如阿里云、腾讯云、华为云等）已经开始提供相关解决方案。这些服务商通过与国外 AI 技术提供商合作，或者在国内部署优化过的模型版本，使得国内用户能够在遵守本地法律和规范的前提下，更快捷、更稳定地访问到先进的 AI 技术。例如，一些云服务提供商在国内设立了数据中心，通过本地化的服务提供快速的数据处理和 AI 计算能力。此外，他们还可能提供 API 接口，使得企业和开发者可以通过国内的网络环境直接调用这些 AI 服务，从而绕开直接访问国外服务器的需求。

此外，还可以利用云服务提供商的海外主机租赁服务，通过远程使用云服务提供商提供的海外虚拟机，可以通过虚拟机器来访问国外流行的大型语言模型人工智能服务。这样的方法不仅解决了直接访问的难题，还提供了更多的灵活性和可控性。

通过利用这些国内云服务的解决方案，用户能够直接访问国际流行的大型语言模型服务，避免了通过中介网站访问的安全风险和不稳定性，并且免受额外成本的影响。这种直接接入方式不仅提高了服务的稳定性和安全性，还确保了用户能够迅速接触到国际上先进的大型语言模型技术。这对于推动人工智能技术在职业教育及其他领域的应用，具有积极的促进作用。本章将进一步介绍如何具体地使用云平台来访问国外流行的大型语言模型人工智能服务，包括如何配置云平台以及具体怎么通过云平台来使用大型语言模型的服务。

1.2.1　公有云服务概述

公有云服务就是通过互联网提供计算资源（如数据存储和计算能力）的服务。这些服务通常由第三方运营，允许用户按需购买资源，无须自己购买和维护复杂的物理服务器和数据中心。可以将其想象为随时可以租用的远程超级计算机，用户需要多少资源，就可以临时租用多少，既节省了成本，也避免了设备维护的麻烦。

1.2.1.1　云计算与公有云服务的关系

云计算是一种利用互联网提供按需计算资源和服务的模式，它允许用户无须直接管理物理服务器即可访问计算能力、存储空间和广泛的功能。云计算的核心优势在于它的弹性、可扩展性和按使用付费的计费模式。它包括软件即服务（SaaS）、平台即服务（PaaS）和基础设施即服务（IaaS）等多种服务模式。

公有云服务是云计算的一种形式，指的是云服务提供商通过互联网向公众提供的资源和服务。这些资源位于提供商的数据中心，可以由多个租户共享，而不是由单一企业独占。公有云平台如 Amazon Web Services（AWS）、Microsoft Azure 和 Google Cloud Platform 等，提供了广泛的服务和资源，供用户按需使用和支付。

在大型语言模型的背景下，公有云服务提供必要的计算资源和高级别的数据处理能力，使得训练、部署和维护这些模型变得更加高效和经济。云计算使得高性能的 AI 和机器学习模型变得更加普及，同时也推动了创新的速度，因为企业和开发者可以更快地实验和实现新的应用。

综上所述，公有云服务是实现云计算概念的平台之一，通过提供易于访问、成本效率高且灵活的资源，支持了广泛的技术需求，包括那些对计算要求极高的大型语言模型。

1.2.1.2 大型语言模型与云计算的关系

大型语言模型与云计算之间的关系密切且相辅相成，云计算为大型语言模型的开发、部署和使用提供了关键的基础设施支持。云平台提供的弹性计算资源对于处理语言模型所需的大量数据和复杂计算尤为重要，使得部署和运行大型语言模型变得更加便捷和成本效率更高。

（1）模型训练：大型语言模型（如 OpenAI 的 GPT 系列）其训练过程涉及大量的数据和高度复杂的计算，需要巨大的计算资源。云计算平台能够提供必要的硬件资源，如 GPU 和 TPU 集群，以及相应的存储和网络支持，使得训练这些模型成为可能。例如，OpenAI 在训练其 GPT 模型时，就依赖于云计算资源来处理其庞大的数据集和复杂的算法。

（2）模型部署和推理：一旦模型训练完成，其部署和推理（模型应用于实际任务的过程）同样需要大量的计算资源。云计算平台不仅可以快速扩展计算资源以满足不断变化的需求，还能通过全球分布的数据中心提供低延迟的服务，确保用户无论身在何处都能获得高效的服务。

（3）跨地域使用服务：通过利用公有云服务，用户可以轻松访问位于世界各地的计算资源。这一点对于需要访问特定地区数据或模型的用户尤为重要。例如，一些模型可能只在特定地区的云服务器上部署，通过云计算服务，用户可以在不违反地区数据法规的前提下，从全球任何地点访问这些模型。

（4）API 调用服务和个性化模型训练：公有云服务提供的 API 简化了大型语言模型的使用流程，用户可以像查询天气预报一样简单地进行文本生成、语言理解等复杂任务。此外，公有云还提供了定制化训练的可能性，用户可以根据特定需求训练专属模型，这在本地服务器上往往难以实现或成本过高。

通过以上方式，云计算不仅极大地推动了大型语言模型技术的进步，也为企业和开发者提供了一种高效、灵活且成本可控的使用大型 AI 模型的方法。这种技术协同作用使得创新更快地实现商业化，也让更多的企业能够利用最前沿的 AI 技术来推动业务发展。

1.2.1.3 云计算与公有云服务的关系

云计算是一种利用互联网提供按需计算资源和服务的模式，它允许用户无须直接管理物理服务器即可访问计算能力、存储空间和广泛的功能。云计算的核心优势在于它的弹性、可扩展性和按使用付费的计费模式。它包括软件即服务（SaaS）、平台即服务（PaaS）和基础设施即服务（IaaS）等多种服务模式。

公有云服务是云计算的一种形式，指的是云服务提供商通过互联网向公众提供的资源和服务。这些资源位于提供商的数据中心，可以由多个租户共享，而不是由单一企业独占。公有云平台如 Amazon Web Services（AWS）、Microsoft Azure 和 Google Cloud Platform 等，提供了广泛的服务和资源，供用户按需使用和支付。

公有云服务的主要特点可以从几个方面进行描述。首先，它具有显著的访问便利性。用户无论身处全球何地，只要能够连接互联网，就能轻松使用公有云服务。这种特性使得地域限制大大降低，为用户提供了极大的灵活性。

此外，公有云服务在成本效益方面表现突出。用户无须提前购置昂贵的硬件设备或自行搭建基础设施，而是可以根据实际使用情况按需付费。这种模式有效降低了初始投入成本，同时也减轻了用户的经济压力，使资源利用更加高效。

最后，公有云服务的灵活性与可扩展性也是一大优势。它能够根据用户的需求变化快速调整资源规模，无论是对资源需求激增还是缩减都能迅速响应。这一特点尤其适用于那些需求波动较大的应用场景，帮助用户更好地应对业务变化。

在大型语言模型的背景下，公有云服务提供必要的计算资源和高级别的数据处理能力，使得训练、部署和维护这些模型变得更加高效和经济。云计算的这一分支使得高性能的 AI 和机器学习模型变得更加普及和可访问，同时也推动了创新的速度，因为企业和开发者可以更快地实验和实现新的应用。

1.2.1.4　公有云服务的主要特点

（1）随时可用：公有云服务就像是网络超市里的即时服务。无论何时何地，用户都可以通过互联网快速租用更多的计算资源。这就好比用户在网上购物时，随时可以添加商品到购物车一样方便。

（2）便捷访问：不论用户使用的是哪种设备，比如手机、平板电脑、笔记本或台式机，只要能上网，就能访问公有云服务。这就像使用邮箱一样简单，不分时间地点。

（3）资源共享：想象一个巨大的电力系统，云服务商就像是电站，将电力（在这里是计算资源）输送到需要的每一个角落。服务商将资源集中管理，并根据各用户的需要动态分配，这保证了资源的高效利用。

（4）快速调整：公有云服务能根据用户的实际需求迅速调整资源，就像家里的水龙头一样，需要多少水就能流出多少。当用户的网站或应用用户激增时，它能迅速提供更多的服务器支持；当需求减少时，同样能迅速减少资源，这样用户就不用为不使用的资源付费。

（5）透明计费：使用公有云服务，用户可以像查电话费一样，随时查看自己使用的资源量，并根据实际用量来付费。这种计费方式帮助用户精确控制成本，避免浪费。

（6）全球化接入：公有云服务如同全球通行证一般，使得无论用户身处世界哪个角落，都能通过互联网接入并使用相同的云服务。这就如同无论用户身在何地，都能拨打同一个电话号码接通到同一个服务中心，让用户随时随地都能接触到自己的数据和应用。

（7）稳定性和冗余：公有云服务提供的稳定性类似于网状交通系统。即使某条道路出现堵塞或故障，其他路线仍然可以通行，保障乘客的旅程顺畅。公有云通过在全球范围内多个数据中心进行数据备份和资源复制，即使一个数据中心遇到问题，服务和数据的安全与连续性仍能得到保障。这种设计确保了即使在部分系统遇到障碍时，整体服务依然能够稳定运行。

这些特点使公有云服务成为现代业务和技术需求的理想选择，不仅提高了操作的灵活性，也降低了成本和管理复杂性。

1.2.1.5　一些知名的云服务提供商

在全球范围内，几乎所有的科技大厂都涉足了云服务领域。国际上知名的云服务提供商包括微软的 Azure、亚马逊的 AWS、谷歌的 Google Cloud，它们在全球有广泛的数据中心网络和强大的技术基础。国内则有阿里巴巴的阿里云、腾讯的腾讯云、百度的百度云、华为的华为云，以及近年来兴起的字节跳动旗下的火山引擎，这些提供商都在积极扩展其云服务的范围和能力，尤其是在大型语言模型和 AI 技术的应用上投入巨大。

在国内，几家主要的云服务提供商在提供大型语言模型服务方面各有所长，以下是一些简单介绍。

（1）阿里云：作为中国最大的云计算服务提供商，阿里云提供了包括弹性计算、大数据处理、AI 服务平台在内的多样化云服务。阿里云特别强调其在处理大规模数据上的能力，为用户提供从数据存储到分析处理的一站式服务，这对于需要处理大量数据和复杂计算的大型语言模型尤为重要。此外，阿里云的全球数据中心网络确保了用户可以在全球范围内高效部署和使用其服务。

（2）华为云：华为云在 AI 和机器学习服务上的投入使其在这一领域具有明显的优势。华为云提供的 ModelArts 服务平台支持一键部署机器学习模型，大幅简化了开发者的操作流程。同时，华为云也在安全性和合规性方面表现突出，提供多层次的安全保障，确保数据安全和业务连续性。

（3）腾讯云：腾讯云提供全面的云计算服务，包括云服务器、数据存储、云数据库以及针对 AI 和机器学习优化的服务。腾讯云的优势在于其深度整合了腾讯集团内部的技术资源，比如利用其在游戏和社交媒体领域的经验，为这些特定行业提供定制化的云解决方案。此外，腾讯云在全球有多个数据中心和加速节点，能够为全球用户提供低延迟的服务体验。

（4）百度云：百度云在人工智能技术方面有深厚的积累，特别是在语音识别和图像处理领域。百度云的 AI 平台提供了包括自然语言处理在内的多种 AI 服务，这些服务可以帮助企业快速构建和部署大型语言模型。百度云同样注重提供易于使用的管理工具和详尽的文档支持，帮助用户简化云服务的使用和管理过程。

选择合适的云服务提供商不仅关系到应用的性能和稳定性，还涉及成本控制和服务质量。用户在选择时需要考虑自身的具体需求，比如数据处理能力、安全要求以及预算等因素。通过对比不同云服务提供商的服务内容和优势，用户可以更加合理地做出选择。

1.2.2　计价方式

公有云服务提供了多种灵活的计价模式，以满足不同用户的需求。这些计费方式包括按需付费、预留实例以及节省计划等。了解这些计费方式对于优化成本和资源分配至关重要。

（1）按需付费：这是一种非常灵活的计费方式，用户可以根据实际使用的计算资源来支付费用。这种模式不需要前期投资，适用于短期、间歇性或不规则的计算需求，如临时增加的业务需求或者实验性项目。按需付费允许用户随时启动和停止服务并仅为实际使用的资源支付费用。

（2）预留实例：对于长期稳定的计算需求，预留实例通常是更经济的选择。用户根据预估的资源需求提前支付，以换取较按需付费更低的价格。预留实例适合持续运行的应用，如常年无间断的网站或企业应用。

（3）节省计划：这种计费方式适用于有大量稳定使用且连续运行的服务器或数据库实例。用户通过承诺使用一定量的资源来换取较低的费率。节省计划帮助企业在保证资源可用性的同时，降低长期操作成本。

（4）抢占式实例：这是一种成本更低的计费选项，适用于可以承受中断的非关键性任务。抢占式实例的价格远低于标准实例，但当系统资源紧张时，这些实例可能会被回收。

例如，阿里云的计费方式主要包括包年包月和按量付费两种主要方式，同时也提供抢占式实例等优惠选项。包年包月模式适合长期稳定的业务需求，提前支付可以享受较低的价格；而按量付费则提供了极高的灵活性，适合需求波动大的项目。此外，阿里云还提供了节省计划等方式，帮助企业进一步压缩成本。

用户在选择计费方式时应考虑项目的具体需求，如业务的稳定性、成本敏感度以及资源使用的可预测性。例如，对于计划长期运行的大型语言模型或需要大量计算资源的数据分析项目，采用预留实例或节省计划可能更为划算。对于短期项目或开发测试阶段，按需付费则提供了必要的灵活性和成本控制。

在 AI 模型服务领域，特别是在使用如大型语言模型时，常见的计费方式是基于 Token 的计费。以字节跳动的火山引擎云服务为例，此平台提供了基于 Token 使用量的计费方式。这里的 Token 通常指一段文本中的一个元素，例如，一个中文词语、一个英文单词或一个符号。不同模型的单价根据模型的复杂度和处理能力有所不同。

当前主流大模型的定价模式通常基于 Tokens 消耗量，不同模型因性能差异和市场竞争存在价格分层。例如，智谱 AI 的 GLM-3 Turbo 模型在基础服务中定价为 1 元/百万 Tokens，若处理 10 万 Tokens 的文本任务，实际成本约为 0.1 元；而字节跳动的豆包通用模型 pro 定价更低，输入输出综合成本约为 0.8 元/百万 Tokens，处理同等规模任务仅需 0.08 元。值得注意的是，部分模型（如深度求索的 DeepSeek-v2）通过技术优化进一步压缩成本，其输入价格仅为 1 元/百万 Tokens，显著低于国际头部产品。

定价策略往往与模型能力挂钩：基础模型通常提供高性价比的通用服务，而支持多模态、长上下文或定制化需求的高阶模型价格更高。例如，GLM-4 系列中图生文模型虽已降价 50%，但对话版仍维持原价；阿里云的 Qwen-Max 模型输入费用降幅达 67%，但输出费用未调整。实际应用中，企业可通过混合调用不同级别模型平衡成本与性能——将高频简单任务分配给低价模型，复杂场景调用高阶模型。以翻译一本 10 万字的中文书为例，若采用豆包通用模型 pro 处理，假设输入输出共需 12 万 Tokens（含格式转换和校对），综合成本约为 0.096 元；若使用 GLM-3 Turbo 模型，成本则为 0.12 元。

需特别说明的是，当前价格数据统计截至本书成稿时间（2025 年 4 月），由于大模型技术迭代加速与行业竞争加剧，建议使用时参考厂商最新公告。多数平台会提供免费额度（如每月百万级 Tokens），初期可优先利用该资源验证业务可行性，再根据实际需求选择服务层级。

1.2.3 使用国外云主机与跨地域服务

由于一些国际主流的大型语言模型服务（ChatGPT、Claude 等）未向我国大陆地区开放，用户面临访问限制。不过，用户可以利用国内外云服务商（如阿里云、腾讯云、华为云以及 Amazon Web Services（AWS）等）提供的位于海外的弹性计算服务（ECS）来规避这些限制。ECS，也就是"云上的个人电脑"，提供了一种便捷的方法来使用这些服务。

例如，在阿里云的 ECS 自定义购买页面中，用户可以选择多个海外节点，包括位于美国（弗吉尼亚）、美国（硅谷）、英国（伦敦）、德国（法兰克福）等地的节点，以及亚洲的日本、韩国、新加坡等国家的节点。通过选择适合的区域节点，用户可以在境外服务器上运行应用程序，从而稳定地访问这些大型语言模型服务。

弹性计算服务（ECS）提供的虚拟计算机可视作用户在云端的个人工作站。用户可以在这些虚拟机上安装软件、运行程序并处理数据，就像使用在家或办公室的个人电脑一样。这些虚拟机的一个关键优势是它们的高度可配置性和灵活性，能够根据实际的工作负载需求随时调整计算资源，无须自行购买和维护物理硬件。

例如，在阿里云的 ECS 规格选择页面，用户可以根据需求选择不同的计算资源配置，包括 CPU 架构（如 X86 或 Arm）、处理器型号、内存大小等。不同的规格类型如"通用型""突发性能实例"或"计算型"等，适用于从轻量级任务到高性能计算的多种工作负载。用户可以查看每种规格的 CPU 核数、内存大小、可用区域、处理器类型以及参考价格，从而灵活选择适合自己需求的云服务器配置。

为了安全地连接和管理位于海外的虚拟机，读者可以使用操作系统内建的标准工具：RDP（远程桌面协议）和 SSH（安全外壳协议）。RDP 是 Windows 系统自带的一种远程桌面工具，允许用户从另一台计算机上通过图形界面操作 Windows 服务器。SSH 是一种广泛使用的远程管理协议，常见于 Linux 系统，包括当前流行的信创操作系统也默认集成了该协议。例如，Kylin V10 SP1 自带了 SSH 客户端和服务器，根据命令 ssh -V 查询，系统中显示的 SSH 版本为 OpenSSH 8.2p1 Ubuntu-4kylin2，OpenSSL 1.1.1f（2020 年 3 月 31 日）。

这两种协议不仅使得远程访问变得简单和安全，还提供了比云服务商的 Web 管理界面更深层次的控制和配置能力。通过 RDP 和 SSH，用户可以直接在本地计算机上执行命令、管理文件系统、安装软件，以及运行和调试应用，就像直接操作本地机器一样。

这种访问方式使得用户可以在这些海外虚拟机上部署和使用国外的大型语言模型服务，如 OpenAI 的 GPT 系列等，绕过地区限制。此外，通过使用 RDP 和 SSH 进行远程管理，用户可以确保操作的合法性与安全性，同时也能充分利用全球资源，提高工作效率和技术能力的全球化接轨。

在实施过程中，首先需要选择符合法规要求的云服务提供商并部署云主机：需优先评估地理位置与性能匹配度，确保公有云数据中心靠近 AI 服务所在地以降低延迟，同时检查本地至云节点的网络稳定性与速度；服务套餐需根据实际需求平衡成本与性能。合规性方面应重点选择具有国际信誉的厂商，其服务条款需同时满足国内外监管要求，避免因合作方资质问题导致后续风险。

其次，远程访问云主机的操作需分两个维度规划：技术层面需匹配团队能力，例如 Windows 系统可沿用 RDP 协议，Linux 用户可采用 SSH 工具，技术储备较弱时建议使用云厂商提供的图形管理界面；安全层面则须强化访问控制，采用

SSH 密钥替代传统密码，并建立定期轮换机制，严格管理权限生命周期。

随后需通过云主机对接国外大型语言模型服务：基础配置需保障云主机能直接访问目标服务，优先选择标准化网络通道并配合最新版浏览器确保连接安全；同时必须核查服务提供商协议条款，所有调用行为均需符合模型服务方与所在国法律的双重要求，防止因合规疏漏引发纠纷。

最后，维护环节需构建双重保障体系：数据安全方面，所有传输过程必须启用 TLS 等加密协议，防止敏感信息在公网泄露；系统安全则需建立定期维护机制，包括补丁更新、多因素认证部署以及访问凭证周期性更换。同时建议每月核查 SSH 密钥强度、密码复杂度策略及审计日志，形成动态化安全管理闭环。

通过这种方式，用户可以在完全遵守法律法规的前提下，合规地访问国外的大型语言模型服务。所采用的云主机服务全部由国内外著名的云服务提供商提供，确保了操作的合法性与数据的安全性。此外，所使用的远程访问工具如 RDP 和 SSH，均为操作系统自带的功能，包括国产信创系统在内的多种操作系统均自带，无须依赖任何非官方或第三方工具。这与使用非法的软件进行国际联网形成了鲜明对比。

这种方法不仅确保了用户访问国外的大型语言模型服务的合规性，还大大降低了数据安全风险。同时，用户应严格遵守《中华人民共和国数据安全法》《中华人民共和国网络安全法》和《中华人民共和国个人信息保护法》等相关国内的法律法规，确保所有操作不触犯法律红线。采用这种方式，国内人员可以有效地、安全地接触和利用最新的大型语言模型技术，同时享受云计算带来的高度灵活性和可扩展性，为研究和商业应用提供强大的技术支持。这不仅促进了技术的国际交流，也保证了国内用户的法律合规需求得到满足。

1.2.4 配置和使用云服务

在前一节中，已经介绍了云计算与公有云服务的基础知识，探讨了它们与大型语言模型的关系以及一些知名的云服务提供商。现在，本节将从理论走向实际操作，详细介绍如何通过华为云服务启动和使用一台海外 Windows 主机。这一过程不仅对于想要突破地理限制以接入国外大型语言模型服务的用户至关重要，也为非计算机专业的读者提供了一个简明易懂的操作指南。

本节将通过具体步骤解释如何注册华为云账户、完成必要的实名认证、选择并配置合适的云服务器，并最终连接到这台海外的 Windows 主机。每个步骤都将详细说明需要执行的操作，以确保即便是不具备技术背景的读者也能顺利完成这些操作。为了更好地帮助理解，本书提供操作视频，这样读者可以直观地看到每个操作的具体界面和必要的操作点。

值得一提的是，启动和使用海外主机的过程并不限于华为云，任何具有海外数据中心的公有云服务商（如阿里云、腾讯云、火山引擎、电信天翼云等）均可实现类似功能。本书选择华为云作为示例，是因为它提供了广泛的国际服务节点，并且界面友好，易于操作。此外，虽然本节以 Windows 主机为例，但相同的步骤也适用于配置和使用 Linux 主机。对于熟悉 Linux 操作系统的用户，使用 Linux 主机可能会提供更多的灵活性和控制权。无论选择哪种操作系统，本节的目标都是帮助读者顺利完成设置，并开始使用海外云主机来访问和利用国际服务。

1.2.4.1　注册华为云账户

在开始使用华为云服务之前，首先需要访问其官方网站。读者可以直接输入"huaweicloud. com"访问华为云官网，或使用信誉良好的搜索引擎输入"华为云"进行搜索。使用搜索引擎时，特别需要注意辨别真伪网站。尽管排名靠前的搜索结果通常较为可靠，但顶部的广告可能会误导用户进入不相关或虚假的网站。因此，建议读者仔细检查网址，确认其为华为云的官方网站，并尝试使用多种关键字以验证搜索结果的一致性。

确保访问的是官方网站对于网络安全具有至关重要的意义。例如，许多用户在寻找免费或开源软件（如 Python、Visual Studio Code 和 OBS Studio）时，由于搜索引擎的广告或优化策略，常常被误导至非官方网站。即便是一些著名的搜索引擎，也可能将"Python"等关键字的搜索结果引流到需要付费的非官方网站。这种情况不仅可能造成经济损失，更可能带来网络安全风险，如个人信息泄漏或恶意软件感染。

在使用云服务时，选择正确的云服务商网站尤为关键。用户通过这些服务商传输和存储大量的敏感数据，包括个人身份信息、企业数据甚至是金钱交易信息。如果误入假冒的云服务提供商网站，可能导致经济损失，更可能面临（如信息泄露和账户被盗等）安全风险，这不仅会损害用户个人的信用和隐私安全，也可能对整个组织造成不可挽回的损失。

为了确保网络安全，建议采取以下措施。

（1）直接输入网址：直接在浏览器地址栏中输入已知的官方网址是最安全的访问方式。

（2）使用可信搜索引擎：当使用搜索引擎时，选择信誉良好的搜索引擎，并对搜索出的结果进行仔细鉴别。避免点击标记为"广告"的链接。

（3）交叉验证网站真伪：通过多种渠道验证网站的真实性。例如，可以通过官方社交媒体账户、官方技术支持或在知名论坛和社区中查询网站的正确与否。

这些措施不仅可以防止用户误入虚假网站，还能大幅提升读者在网络环境中的安全保障，保护个人和组织的数据不受侵害。

访问华为云官网后，用户会看到"注册"选项，点击"注册"按钮进入注册页面。

在注册页面中，系统会引导用户填写必要的个人信息，包括手机号码和登录密码。用户还需要通过短信验证码进行手机号验证，以确保账户的真实性和安全性。填写完所有必要信息后，用户可以提交注册信息以创建华为云账户。

注册成功后，页面会跳转至开通华为云的同意勾选页面，用户勾选同意后点击"开通"按钮。

完成开通操作后，页面将跳转至成功页面，表示华为云账户已开通成功。

此时，用户还需要点击"实名认证"按钮以进行实名认证，才能使用华为云上的各项服务。

1.2.4.2　完成实名认证

在华为云账号注册完成后，用户将被引导至实名认证页面。此页面上的提示说明："使用云服务前需要先进行实名认证"。

读者可根据自己的需求选择个人认证或企业认证。根据作者的经验，即使是个人账户，只要提供必要的文件（如阿里云要求提供员工证明和统一社会信用代码证书复印件），云服务商同样支持开具单位发票。因此，建议个人用户选择进行个人认证。

在进行实名认证的同时，本书也提醒读者意识到，实名认证与使用云服务是紧密相关的责任。这不仅是注册流程的一个要求，更是法律上的一种责任。用户必须确保在使用云服务时严格遵守国内外的相关法律和规定。通过实名制，用户的账户与真实身份直接绑定，因此在服务使用中应保持高度的责任意识，确保所有操作都在法律允许的范围内进行。

此外，作为云服务用户，不仅要避免使用云资源进行非法活动，如发动网络攻击或传播恶意软件，还必须采取适当的安全措施来保护个人的云资源不被他人滥用。如果因为缺乏适当的防御措施导致用户的云服务资源被利用作为攻击工具，用户也可能承担相应的法律责任。

进入认证方式选择页面后，读者可选择以下两种验证途径：首先，银行卡认证需要提前备好有效的银行卡信息；同时需确保该银行卡在银行预留的手机号码处于可用状态，便于接收短信验证码完成验证流程。其次，若选择人脸识别认证，需准备本人有效的中国大陆居民身份证件信息；随后通过手机扫描页面展示的二维码，根据系统指引完成面部识别操作，操作过程中需保持网络通畅且光线适宜。两种认证方式均需按照页面实时提示分步骤执行，若中途遇到问题可返回上一步重新提交信息。

以下为人脸识别认证的具体步骤。

在华为云的认证方法选择页面中，选择"使用人脸识别认证"来进行实名认证；

选择后，页面会显示一个二维码，提示用户使用手机微信或华为 App 扫描二维码；

用户使用华为云 App 或微信扫码进入实名认证页面后，需输入姓名和身份证号码，并按要求录制视频，即可完成认证过程。

认证成功后，系统将提示认证完成。

1.2.4.3　选择服务器配置和海外节点

在华为云的使用过程中，选择合适的服务器配置和海外节点是至关重要的一步。这不仅影响应用性能，而且也关系到成本和服务的可用性。以下是如何在华为云中一次性选择服务器的操作系统（Windows 或 Linux）、硬件配置、海外节点位置以及计费方式的详细步骤。

首先，访问华为云的官方网站并登录账户。在主页的顶部导航栏中，可以找到"控制台"按钮。

点击"控制台"按钮后，用户将进入华为云的管理控制台，这里提供了所有管理和配置服务的工具。

在控制台中，可以管理用户的云资源，包括虚拟服务器、存储空间、网络设置等。

下一步是创建用户的云服务器实例。

在控制台页面左上角，点击"创建资源"按钮，这会展开一个下拉菜单，提供各种资源创建选项。

从下拉菜单中，选择"弹性云服务器 ECS"选项。选择该选项后，页面将进入创建弹性云服务器的配置界面。在此界面中，用户可以详细设置服务器的参数，包括操作系统、CPU、内存、存储方案以及网络配置等。

选择"弹性云服务器 ECS"是因为它提供了可扩展的虚拟化计算环境，允许根据需求快速调整资源，非常适合需要高度灵活性和可定制性的应用场景。

在华为云创建 ECS 实例的界面中，用户可以详细配置服务器的各项参数以适应特定的应用需求。以下是创建过程中的关键配置选项的整体性介绍。

区域选择：选择服务器的部署区域是至关重要的第一步，因为这直接影响数据传输速度和应用的响应时间。特别是当用户需要访问国外的大型语言模型服务时，用户必须选择该服务提供商已经设立服务的国家或地区。例如，由于像 ChatGPT 和 Claude 这样的服务并未在我国大陆提供服务，用户可以选择其在其他地区的服务器，如新加坡，来确保访问速度和数据交互的流畅性。这样的选择才能提供更优的服务体验。

实例类型：华为云提供多种实例类型，以支持从轻量级应用到高性能计算的不同需求。根据实际的应用性能和处理需求，用户可以选择专门针对计算、内存或平衡型的实例。

CPU 和内存配置：选择合适的 CPU 和内存配置对于满足用户的应用需求至关重要。不同的操作系统对硬件有不同的最低配置要求，例如，图形界面的操作系统（如 Windows）通常需要更高的配置以支持其运行环境。又如，如果用户的应用包含大量的数据处理或机器学习计算，选择高性能的 CPU 和较大的内存是必要的。此外，需要注意的是，所选的配置直接影响云服务机器的单位时间成本，更高的配置意味着更高的费用。因此，在满足应用需求的前提下选择最经济的配置是一种更合理的策略。这样既可以保证应用的性能需求，同时也控制了成本。

镜像选择：在选择操作系统镜像时，用户应考虑选择一个既熟悉又易于管理的系统。华为云提供了多种操作系统选项，包括各种版本的 Windows 和 Linux。选择一个符合个人技术背景和项目需求的操作系统是关键，这不仅确保了操作的便捷性，还有助于应用的兼容性和稳定性。要注意，选择（如 Windows）收费操作系统将会产生额外的费用。这些费用通常是基于许可证的使用费，并会被计入总的云服务成本中。因此，在做出选择时，除了考虑技术需求，还应评估预算限制，确保所选系统既能满足技术需求又不会超出预算。

网络和安全组配置：确保实例配置了适当的网络设置和安全组规则，这对于保护服务器安全和确保数据传输的安全至关重要。

存储和数据处理：用户还可以根据需要配置存储选项，选择合适的硬盘类型和容量，以优化存储性能和成本。

在华为云中，用户可以选择以下几种计费模式，以符合不同的使用需求和预算计划。

包年/包月：这是一种预付费模式，用户需要在购买时一次性支付整个订单周期的费用。如果用户已经明确知道将持续使用服务器一定时间，这种模式是经济划算的选择，通常比其他计费方式有更多的价格优惠。

按需计费：按需计费模式允许用户根据实际使用的服务器时长来付费，这是后付费模式。这种灵活性非常适合项目需求不确定或使用时间不固定的情况。用户可以随时开通或删除服务器，按实际使用时间计费。

竞价计费：竞价计费也是一种后付费模式，它允许用户以更低的价格使用服务器，价格通常低于按需计费。在此模式下，用户可以设置一个价格上限来参与市场价格的竞价。如果市场价格低于或等于用户设定的上限，服务器将继续运行；如果市场价格高于用户的上限，则服务器可能会被系统中断回收。这要求用户必须时刻注意市场价格变化，并准备好数据备份策略。

对于初学者，竞价计费是一个成本效益较高的选择，因为它提供了较低的使用成本。然而，用户需要将这类实例视为临时机器，一旦不再需要时应立即关闭，以避免不必要的费用。由于存在服务器可能被中断的风险，重要的是始终保持数据的备份，确保不会因为服务器突然不可用而丢失信息。

总之，选择最适合用户需求的计费方式，可以帮助用户更有效地管理成本，同时确保项目的灵活性和数据安全。

接下来，用户要进行创建 ECS 之前的选择。

在华为云中购买 ECS 时，选择合适的地区、计费模式和可用区域是关键步骤。以下是具体的操作说明。

选择地区：本书选择了"亚太-新加坡"区域。选择该地区有助于优化数据传输速度和应用响应时间，特别是在需要访问国外大型语言模型服务时。

选择计费模式：本书选择了"竞价计费"模式。该模式价格较低，但可能会因市场价格波动或资源紧缺而被中断。对于初学者来说，竞价计费是一个节省成本的选择，但需注意在不使用时及时关闭实例，并定期备份数据以防中断。

选择可用区域：在选择计费模式后，用户需要选择具体的可用区域，例如"可用区 1"或"可用区 2"等。用户可以根据需求选择一个合适的可用区域，以确保资源的最佳分配和使用。

通过以上步骤，用户可以有效配置华为云 ECS 的地区、计费模式和可用区域，满足项目需求并优化成本。

接下来，用户需要选择适合项目的 CPU 和内存配置。这一步是配置 ECS 以满足特定需求的关键环节。

本书根据实际需求选择了"通用计算型 s6"系列中的 s6. large. 2 配置，该配置提供了 2 个 vCPU 和 4GB 的内存。这种中等规模的配置能够有效支持本书的应用，特别适用于不需要极端计算资源但对性能有一定要求的场景，如运行中小型数据库或处理中等数据负载的应用。这样的选择帮助用户在满足技术需求的同时，也保持成本效率。

接下来，用户需要选择操作系统镜像和硬盘大小。

选择操作系统镜像：本书选择了"公共镜像"中的 Windows 操作系统，具体为"Windows Server 2016 标准版 64 位简体中文"。该操作系统具有用户友好的图形界面和广泛的应用兼容性，适合不熟悉 Linux 的用户。

选择系统盘大小：在系统盘配置中，选择了"通用型 SSD"硬盘，容量为40GB。这个配置提供了足够的存储空间和良好的性能，支持大多数常见的应用程序。

通过这些选择，可以确保服务器的操作系统和存储配置能够满足使用需求，同时保持系统的高效运行和易管理性。

在完成操作系统和硬盘配置后，用户需要确认费用并进行下一步的网络配置。

确认配置费用：在此界面中，用户可以查看配置费用和镜像费用的详细信息。总费用会根据具体配置内容有所不同，用户可以在这里确认最终费用。

选择购买数量：用户可以选择购买的服务器数量。在本书视频示例中，选择购买 1 台服务器。

点击"下一步：网络配置"按钮，确认所有配置和费用后。点击"下一步：网络配置"按钮，进入网络配置步骤。该步骤将帮助用户设置服务器的网络环境，确保其能够正常连接到互联网和其他服务。

通过这些步骤，用户可以确认配置费用，并继续完成 ECS 实例的网络设置。

在确认费用并点击"下一步：网络配置"按钮后，会看到一个关于竞价实例的购买须知提示。

竞价实例购买须知：由于本书示例选择的是竞价计费模式，系统会提示用户关于使用竞价实例需要注意的事项：当市场价格高于设置的价格上限或库存不足时，竞价实例可能会被中断回收。因此，用户必须做好数据备份工作，以防止数据丢失；竞价实例存在中断机制，其生命周期不固定，不适用于长期运行的任务或对稳定性要求较高的场景。

确认信息：阅读并理解上述风险提示后，点击"确定"按钮继续操作。如果不接受这些风险，可以点击"取消"按钮返回以选择其他配置。

通过确认这些信息，用户可以确保在选择竞价实例时了解并接受其潜在的中断风险，并采取相应的预防措施。

在完成基础配置后，继续进行网络配置。为了简化配置过程，用户可以使用默认的子网配置：

选择网络：本书选择了默认的虚拟私有云（VPC）。

选择子网：此处同样选择默认的子网配置，即"subnet-default（192.168.0.0/24）"。

分配 IP 地址：选择"自动分配 IP 地址"选项，系统会自动为用户的 ECS 实例分配一个私有 IP 地址。

使用默认的网络和子网配置可以简化设置过程，确保 ECS 实例能够快速部署并正常连接到网络。如果有更复杂的网络需求，用户可以根据实际情况进行自定义配置。

在完成网络配置后，接下来需要配置安全组。安全组类似于防火墙，控制着进出 ECS 实例的流量。用户可以选择默认的安全组配置，也可以新建一个安全组。以下是具体步骤。

选择默认安全组配置。

选择默认安全组：在安全组选项中，选择默认的"default"安全组，该安全组通常已配置了常用的端口，如 22（SSH）和 3389（RDP），便于远程访问。

确认默认安全组配置：确认默认安全组已开放了所需的端口（如 22 和 3389）。这些端口对于远程管理和连接 ECS 实例非常重要，以便用户可以顺利进行远程操作。

选择新建安全组配置。

新建安全组：如果需要更灵活地配置，用户可以选择新建一个安全组。在安全组选项中，点击"新建安全组"按钮进入创建页面。

配置新建的安全组：在创建安全组页面中，为新安全组命名，并选择使用模板或手动添加规则。确保配置了 22（SSH）和 3389（RDP）端口，以便于远程访问服务器。

确认新建安全组的配置：最后，确认新建的安全组已正确配置了所有所需的端口。完成配置后，点击"确定"按钮以保存设置。

通过以上步骤，用户可以确保 ECS 实例配置了正确的安全组规则，从而允许必要的远程连接和管理操作。

接下来，需要配置公网 IP 的带宽和计费方式。

弹性公网 IP：可以选择"现在购买"弹性公网 IP，以确保服务器能够通过互联网进行访问。

线路：选择"全动态 BGP"线路，该线路提供不低于 99.95% 的可用性保障，适用于大多数应用场景。

公网带宽：公网带宽计费模式主要分为三种类型。第一种计费方式为按带宽计费：该模式适用于流量较大或网络使用较为稳定的场景；其收费依据是预设的带宽上限和实际使用时长进行计算，适合对网络峰值有明确预期的业务。第二种模式是按流量计费：适用于流量较小或存在明显波动的业务场景；其计费标准完全基于实际消耗的流量数据，与使用时长无关，能够为突发性流量需求提供成本优化空间。第三种方案是加入共享带宽：适用于需要多个实例协同使用带宽资源的场景；该模式支持灵活调配和统一管理带宽资源，实现资源的集约化利用，尤其适合多业务并行且带宽使用存在错峰特征的情况。这三种计费机制分别对应不同的业务需求，用户可根据实际网络负载特点进行选择。

带宽大小：根据实际需求选择带宽大小。由于图形界面的远程连接对网络速度有一定要求，此处选择 20Mbit/s 带宽以确保连接顺畅。如果在实际使用中发现 20Mbit/s 带宽不足，可以适当调大带宽，带宽范围可以在 1~300Mbit/s 自定义。

释放行为：选择"随实例释放"，确保在删除 ECS 实例时，自动删除绑定的弹性公网 IP，避免不必要的费用。

由于本书示例使用的是竞价实例，通常用于临时性任务，因此推荐选择"按流量计费"，以便在短期使用中更具成本效益。通过这些配置，可以确保服务器的网络连接可靠，并优化费用管理。

在完成网络配置后，需要确认配置费用并进行下一步的高级配置。

确认配置费用：在此界面中，用户可以查看详细的配置费用。例如，可能显示当前配置的费用为每小时 ￥0.2256，加上弹性公网 IP 的流量费用为每 GB ￥0.815，以及镜像费用为每小时 ￥0.0075。总费用会根据具体配置有所不同，用户可以在此查看并确认最终费用。

选择购买数量：选择购买的服务器数量。本书的示例选择购买 1 台服务器。

点击"下一步：高级配置"按钮，确认所有配置和费用后。点击"下一步：高级配置"按钮，进入高级配置步骤。此步骤将帮助用户进一步优化和自定义服务器的高级设置。

通过以上步骤，用户可以确认配置的费用，并继续进行高级配置，以确保创建的 ECS 实例完全符合需求并优化成本。

在完成网络配置后，接着进行高级配置步骤，给服务器命名并设置密码。

云服务器名称：在"云服务器名称"字段中输入服务器的名称。例如，本书这里示例命名为"gpttest"。设置服务器名称可以帮助用户在管理多个服务器时更容易识别和管理。

设置密码：在"密码"字段中输入一个安全的登录密码，并在"确认密码"字段中再次输入相同的密码以确认。请记住这个密码，因为在登录 ECS 实例时需要使用它。如果忘记密码，可以通过华为云控制台重置。

描述（可选）：在"描述"字段中，可以添加一些简短的描述信息，例如"用来测试使用 ChatGPT"。这有助于在后续管理中快速了解服务器的用途。

完成高级配置后，用户需要确认最终配置并进行确认配置步骤。

确认配置费用：在此界面中，用户可以查看详细的配置费用。例如，当前配置的费用为每小时 ￥0.2256，加上弹性公网 IP 的流量费用为每 GB ￥0.815，以及镜像费用为每小时 ￥0.0075。总费用会根据配置内容有所不同，用户可以在此查看并确认最终费用。

选择购买数量：选择购买的服务器数量。在此示例中，本书选择购买 1 台服务器。

点击"下一步：确认配置"按钮，确认所有配置和费用后。点击"下一步：确认配置"按钮，进入配置确认步骤。此步骤将帮助用户进一步检查并确认所有设置，确保服务器配置完全符合需求。

通过这些步骤，用户完成了服务器的高级配置，并确认了所有设置，以确保所创建的 ECS 实例完全符合需求并优化成本。

在完成服务器的高级配置后，进入最后的确认配置步骤并提交购买。

确认配置：在确认配置界面中，核对所有配置项，包括基础配置、网络配置和高级配置。确保所有设置都符合用户的需求。

同意协议：勾选协议选项，表示已阅读并同意相关条款和条件。

点击"立即购买"按钮：点击"立即购买"按钮提交订单。

任务提交成功：订单提交后，系统会显示任务提交成功的提示，表示弹性云服务器实例正在创建中。

通过这些步骤，用户成功完成了 ECS 实例的购买和配置，等待系统完成服务器的创建过程。在服务器创建完成后，用户就可以开始使用它来访问所需的服务。

1.2.4.4　管理云服务器

在成功创建云服务器后，用户可以通过华为云管理控制台进行管理和操作。请稍等几分钟，因为服务器的创建可能需要一些时间，通常视情况可能需要 5～10 分钟，Windows 服务器可能会比 Linux 服务器稍久一些。以下是进入管理 ECS 云服务器界面的具体步骤。

（1）访问控制台：登录华为云账号后，进入管理控制台。在"我的资源"部分，用户可以看到已经创建的云服务器。

（2）选择云服务器：在"云服务器"部分，点击"云服务器"按钮的"前往控制台"，进入服务器详情页面。

（3）远程登录：在服务器详情页面中，找到"操作"列，然后点击"远程登录"按钮，以连接和管理用户的云服务器。

通过这些步骤，用户可以方便地访问和管理云服务器，进行各种操作和配置，确保服务器的正常运行和维护。

（4）选择 VNC 登录方式：在远程登录页面，选择"使用控制台提供的 VNC 方式登录"，然后点击"立即登录"按钮。

（5）发送快捷键解锁：在 VNC 操作界面中，点击"发送 Ctrl+Alt+Del"按钮，发送快捷键以解锁屏幕。

通过 VNC 方式登录，可以在无须安装额外软件的情况下，直接通过浏览器进行远程连接和管理。这种方式适合临时管理和快速访问服务器。

1.2.4.5　安全地连接到 ECS 并使用

接下来，本书介绍如何安全地通过远程桌面（RDP）连接到境外的 Windows 服务器。相比控制台的 VNC 方式，RDP 速度更快，并且可以进行复制粘贴等操作。为了确保连接的安全性，用户需要验证证书指纹以确保没有中间人攻击。以下是具体步骤。

A　验证证书指纹

使用 VNC 查看证书指纹：首先，通过华为云控制台提供的 VNC 方式登录到服务器。在 Windows 服务器中，打开"证书管理"界面。在 Windows 任务栏的搜索框中输入"证书"，然后选择"管理计算机证书"进入证书管理界面。

查看远程桌面证书：在证书管理界面中，找到"远程桌面"文件夹，点击查看远程桌面相关的证书。

查看证书指纹：双击该证书，在详细信息页面中可以查看到该证书的指纹信息。

通过这些步骤，用户可以确认远程桌面连接所用证书的指纹，以确保连接的安全性。

B 使用 RDP 连接服务器

通过远程桌面协议（RDP）连接到服务器，速度更快，支持复制粘贴等操作。为了确保连接安全性，用户需要验证证书指纹。以下是具体步骤。

（1）下载并打开 RDP 文件：在华为云管理控制台中，下载 RDP 文件并运行，以准备连接服务器。

（2）开始连接：在远程桌面连接窗口中，点击"连接"按钮开始远程连接。

（3）输入登录凭证：输入在服务器配置时设置的用户名和密码。

（4）验证证书指纹：系统会提示用户验证服务器的证书。点击"查看证书"按钮，并与之前在 VNC 中查看的证书指纹进行对比，确保两者一致。

（5）确认指纹一致：确认指纹一致后，勾选"以后不再询问我是否连接到此计算机"选项，然后点击"是"按钮继续连接。

（6）成功连接：成功连接到服务器后，用户可以通过 RDP 进行各种管理和操作。这台远程服务器的操作体验与日常使用的个人计算机相似，可以安装软件、上网浏览、运行应用程序等。唯一的区别是，这台服务器只能通过远程方式访问和使用。

通过这些步骤，用户可以安全地通过 RDP 连接到境外的 Windows 服务器，同时享受更快的速度和操作便利性。使用远程桌面连接后，用户将拥有一台完整的 Windows 环境，可以像平时使用个人计算机一样，进行软件安装、浏览网页、处理文档等操作。请记住，虽然这台计算机只能远程使用，但其功能和操作体验与本地计算机几乎相同，使用户能够高效地完成各种任务。

1.2.4.6 关闭 ECS 服务器停止计费

在不使用 ECS 服务器时，为了避免产生不必要的费用，用户需要关闭服务并删除实例。请注意，仅仅对 ECS 服务器进行关机操作是无法停止计费的，必须删除实例。以下是具体步骤。

（1）访问管理控制台：登录华为云管理控制台，在"我的资源"部分选择"云服务器"。

（2）选择删除操作：选择需要删除的 ECS 实例，点击"更多"选项，然后选择"删除"。

（3）确认删除：在删除确认页面，确认要删除的资源，包括云服务器、弹性公网 IP 和数据盘。请确保已经备份好重要数据，因为删除操作无法恢复。

（4）输入验证信息：输入验证方式，如手机或邮箱验证码，完成操作确认。

（5）完成删除：确认删除操作后，系统将删除所选资源，并停止计费。

通过这些步骤，用户可以确保在不使用 ECS 服务器时及时关闭和删除实例，以避免不必要的费用产生。但为避免数据丢失，请务必在删除前备份所有重要数据。

以上操作步骤请扫码查看过程操作视频获得更清晰的说明。

视频 1-1　配置和使用云服务

1.2.5　访问国外 AI 服务的步骤

1.2.5.1　配置 ECS 并进行网络浏览

A　开启 ECS 实例

配置细节参考上一节，而本次所使用的配置如下：第一，区域为亚太-新加坡；第二，计费模式是竞价实例；第三，规格为通用计算型 | s3. large. 4 | 2vCPUs | 8GiB；第四，系统盘为通用型 SSD，40GiB；第五，镜像为 Windows Server 2019 数据中心版 64 位简体中文；第六，弹性公网 IP 为全动态 BGP | 按流量计费 | 带宽：50 Mbit/s；第七，安全组为 default，要确保开通了 3389 端口。

B　使用远程桌面连接（RDP）到 ECS

在本地计算机上打开"远程桌面连接"应用程序；输入 ECS 实例的公网 IP 地址；点击"连接"并输入登录凭证（用户名和密码）以远程连接到 ECS 实例。需要注意的是：首先在华为云管理控制台使用 VNC 登录，查看证书指纹；然后再通过 RDP 进行验证证书和连接，细节参考上一节。

C　安装浏览器

打开 Internet Explorer（IE），搜索 Chrome 或 Edge；访问官方下载页面并下载所选浏览器；下载并安装选择的浏览器，原因是服务器版 Windows 自带的 IE 可能存在不兼容的情况；安装完成后，打开新浏览器，确保其运行正常。

完成以上步骤后，读者可以成功在 ECS 实例上安装了更适合使用的浏览器，为后续访问 ChatGPT 和 Claude 等 AI 服务作好了准备。

1.2.5.2　使用 ChatGPT 服务

由于 OpenAI 在新加坡提供服务，在此区域可以直接访问 ChatGPT，而本节所使用的 ECS 实例也位于新加坡。这些操作全程都是在这台新加坡的 ECS 的

Windows 上进行的，因此不会遭遇外国网络的封锁，相当于直接在境外使用这些服务。

A 访问 ChatGPT 网站

打开已安装的浏览器（例如 Chrome 或 Edge）；在地址栏中输入 chatgpt.com 并访问该网站。

B 注册 ChatGPT 账户

在 ChatGPT 网站首页，点击"注册"按钮；输入读者的电子邮件地址并点击"继续"按钮；创建一个密码，要确保密码符合要求，即至少 12 个字符；点击"继续"按钮，之后系统会向读者的邮箱发送验证邮件；打开邮箱，找到验证邮件并点击其中的链接完成验证，需注意这个链接需要复制到 ECS 内的浏览器才能顺利打开；返回 ChatGPT 网站，继续完成注册流程，输入必要的个人信息并同意相关条款和隐私政策。

C 不注册使用 ChatGPT

如果用户不想注册，可以在 ChatGPT 首页直接使用不需要登录的版本；点击对话框，开始输入问题或指令。另外，ChatGPT 3.5 版本（在 2024 年 7 月 18 日后被 GPT-4o mini 取代）支持无需注册或登录即可使用，用户能够直接与 AI 进行对话。

D 登录并使用 ChatGPT

注册完成后，使用新账户登录 ChatGPT。登录成功后，用户将看到 ChatGPT 的对话界面。在对话框中输入问题或指令，并获取 AI 的回复。

通过这些步骤，读者可以成功访问 ChatGPT 网站，并可以选择注册账户或直接在未登录情况下使用 ChatGPT 免费版本进行对话和获取信息。

视频 1-2 在新加坡的 Windows 主机上成功使用 ChatGPT

1.2.5.3 使用 Claude 服务

Claude 是 Anthropic 公司提供的大型语言模型服务，需要使用国外手机号码进行短信验证才能完成注册。以下是使用 Claude 服务的具体步骤。

A 访问 Claude 网站

打开已安装的浏览器（如 Chrome 或 Edge）；在地址栏中输入 claude.ai 并访问该网站，或者在搜索引擎（如 Bing）中搜索"claude"，然后点击搜索结果中的 Claude 官网链接（claude.ai）。

B　注册 Claude 账户

在 Claude 网站首页,点击"登录"按钮;输入用户的电子邮件地址,然后点击"继续"按钮;系统会向用户的邮箱发送一个临时登录码;打开邮箱,找到临时登录码,并在 Claude 网站上输入该登录码(这个链接需要复制到 ECS 内的浏览器才能顺利打开);点击"继续"按钮,进入下一步。

C　手机号码验证

Claude 服务要求使用国外手机号码进行验证。在页面上输入一个有效的国外手机号码,并确认已年满 18 岁。点击"发送验证码"按钮,系统会向该手机号码发送验证短信。

D　虚拟号码服务(不推荐)

市面上存在一些虚拟号码服务平台,像 SMS-Activate,它们能够为用户提供虚拟手机号码以进行短信验证。

这种虚拟号码服务平台有其优点:一方面,这些平台一般具备中文页面,而且支持国内的付款方式;另一方面,其费用相对较低,每次验证只需花费零点几元或者几元。

不过,该服务也存在缺点:第一,使用这些服务或许不符合相关法律要求;第二,虚拟号码的稳定性和安全性难以得到保障。

值得一提的是,ChatGPT 刚推出的时候,同样需要手机号码来进行短信验证。在那段时间里,国内涌现出许多教程,引导用户利用虚拟号码服务平台(如 SMS-Activate)去完成验证。但是,这种做法可能会面临法律风险,所以本书建议不要采用这种方法。

E　使用真实手机号验证

读者可以向国外的亲戚、同学或朋友借用手机号进行短信验证。这种方式不仅可以避免使用虚拟号码带来的潜在风险(如虚拟号码多人复用,可能影响注册后的账号的安全性),还能确保验证过程的顺利进行。

通过这些步骤,读者可以成功完成 Claude 服务的注册和使用。建议使用真实手机号进行验证,以确保顺利注册和使用服务。

1.3　数据安全与合规性:遵守法律与道德框架

在数字化与全球化深度融合的当下,数据安全与合规性已成为不可忽视的核心议题。当大型语言模型技术广泛融入职业教育场景时,相关数据的保护不仅涉及技术实现层面,更与法律约束及伦理责任紧密关联;系统解析这两大概念的内涵价值及其在职业教育领域的实践意义。

数据安全承担着守护师生隐私、保障教学资源完整性的关键职能。需要警惕的是，教学过程中产生的对话记录、评估数据等敏感信息一旦发生泄露或滥用，不仅会动摇院校的社会形象，更可能引发法律追责风险。尤其在使用人工智能工具时，用户输入内容往往包含身份信息、学习轨迹等核心数据，这就要求从数据采集、云端存储到交互传输的全流程构筑严密防护体系。

合规性则指向教育主体在数据处理过程中对法规体系与行业规范的遵循能力。这种规范性不仅体现在规避行政处罚层面，更是维系互信关系、推动教育机构可持续发展的重要基石。当前国际通用的《通用数据保护条例》与《中华人民共和国数据安全法》等法规已形成严密监管网络，对数据处理各环节设定了明确的行为边界，教育机构必须建立完整的合规机制以应对监管要求。

从法律层面观察，数据治理体系呈现双维度特征：一方面，《中华人民共和国数据安全法》等法规通过界定"最小必要""知情同意"等原则构建制度屏障；另一方面，数据伦理作为软性约束力量，强调技术应用中应保持透明度与人文关怀，避免算法偏见对教育公平性的潜在影响。

本节将涵盖以下几个方面的内容。

（1）数据保护原则：介绍数据保护的基本原则，及其在不同法律环境下的应用。通过遵循这些原则，确保数据处理活动的合法性和透明性。

（2）合规性检查清单：提供一套系统的检查清单，帮助学校审查其数据处理活动，确保符合相关法律和标准。这些检查点将覆盖数据收集、存储、传输、访问控制和数据主体权利等方面。

（3）保护隐私的策略：介绍一系列实用的隐私保护策略，帮助学校在数据处理过程中最大限度地保护个人隐私。这些策略包括数据加密、限制数据访问权限和定期删除不再需要的数据等。

本节的主要目标是通过建立和遵守数据保护原则、合规性检查和隐私保护策略，确保数据的安全性和合规性。希望读者在实际操作中结合这些原则和策略，构建一个安全、合规和道德的数据处理环境。这样不仅能保护学生和教师的权益，还能提升学校的声誉和可信度。

1.3.1 数据保护原则

在职业教育中应用大型语言模型服务时，必须严格遵循《中华人民共和国数据安全法》等相关法规，确保用户隐私和数据安全。以下列举了核心数据保护原则及其应用要点。这些原则旨在通过规范数据处理活动，保护用户权益，提升教学服务的透明度与安全性。

第一，数据最小化原则要求只收集和处理为提供服务所必需的数据。学生在使用大型语言模型进行学习时，只需提供与学习相关的信息，例如课程问题或学习目标，无须提交无关的个人细节，如家庭住址或身份证号码；开发者在设计职业教育应用时，应仅收集课程内容、学习进度等必要数据，避免获取敏感信息，比如个人健康记录或财务状况。这种做法不仅能降低数据泄露风险，还能增强系统的安全性和用户信任。

第二，数据准确性原则强调输入数据的准确性和及时更新。学生和教师在使用语言模型时，应提供准确的信息，例如教师上传的课程内容需确保无误且与时俱进；开发者则需建立数据更新机制，定期刷新教育资源，比如每学期更新课程大纲，确保学生获取最新知识。此外，用户应核查模型输出结果，避免因错误信息影响学习效果；开发者也应提醒用户关注重要内容的准确性，以提升服务质量。

第三，数据保留原则要求数据仅在服务期间保留，完成后及时删除。学生在使用职业教育服务时，应知晓并同意数据的保留期限，例如学习记录可能保留至课程结束；开发者需设定明确期限，比如学生成绩在毕业后保留两年，随后自动安全删除，并通过通知告知用户删除安排。这种方式减少了不必要的数据存储，确保隐私保护与合规性。

第四，透明性原则要求数据处理过程公开透明。学生在使用平台时，应能轻松理解数据如何被收集和使用，例如通过简洁的隐私政策知晓数据的用途和存储时长；开发者需在注册或使用环节提供清晰说明，比如在界面上展示数据处理方式，并定期通过邮件更新用户相关信息。这种透明度不仅符合法律要求，还能增强用户对服务的信心。

第五，安全性原则注重数据在存储和传输中的保护。学生应使用安全的网络和设备输入数据，例如避免在公共 Wi-Fi 下传输敏感信息；开发者则需采用加密技术、多因素认证等措施，比如对数据进行加密存储，定期审计系统漏洞，确保即使数据被拦截也无法轻易解读。通过这些技术保障，平台能够有效防御潜在威胁。

第六，责任原则明确了数据控制者和处理者的义务。学生需保护个人账户安全，例如不泄露密码或随意分享信息；开发者应指定专人管理数据保护，建立责任机制，比如设立数据管理团队，定期培训员工，确保操作符合《中华人民共和国网络安全法》等法规要求。这种分工合作有助于落实保护措施。

第七，合法性原则要求数据处理活动必须合法合规。学生应在知情同意下提供信息，例如明确同意平台使用其学习数据；开发者需确保系统设计符合法律法规，制定明确的隐私政策，并在用户首次使用时获得许可，同时定期审查系统以适应法律更新。这种做法既降低了法律风险，又提升了平台的公信力。

通过上述原则的落实，职业院校能够在确保合规的同时提升教学服务的安全性与透明度。这些措施不仅保护了学生和教职工的隐私，还为职业教育的技术应用提供了可靠支持，促进教学质量的持续改进。

1.3.2 合规性检查清单

在职业教育中应用大型语言模型服务时，确保合规性需要全面考量多个法律维度。首先，数据收集环节必须遵循合法性原则：根据《中华人民共和国个人信息保护法》第13条，所有数据采集行为须具备明确法律依据；同时应通过书面告知方式向师生充分说明数据用途、范围和方式，履行该法第17条规定的告知义务。需要特别注意的是，收集范围应当严格限定在与教育服务直接相关的必要信息，避免过度采集敏感数据，这既是落实数据最小化原则（《中华人民共和国个人信息保护法》第6条）的要求，也是防范法律风险的重要措施。

在数据存储和传输方面，技术保障措施需达到法定标准。所有数据应当采用符合国家标准的加密技术进行存储和传输，例如使用SSL/TLS协议保障传输安全，应用AES-256算法实现静态数据加密，这不仅是《中华人民共和国网络安全法》第21条的要求，也是履行《中华人民共和国个人信息保护法》第51条安全义务的具体体现。同时需要建立分级访问控制机制，通过多因素认证与权限管理系统，确保只有经过审批的特定岗位人员才能接触核心数据，相关操作日志需留存不少于六个月以备审计。

涉及跨境数据流动时，必须严格执行三重保障机制：第一，按照《中华人民共和国个人信息保护法》第38条要求，在数据传输前完成安全评估并取得网信部门认证；第二，向用户完整披露境外接收方的资质信息与数据处理方案，根据第39条获取单独书面同意；第三，对于被认定为关键信息基础设施的系统，必须遵守第40条规定的数据本地化存储要求，所有个人信息不得跨境转移。

数据全生命周期管理需要建立标准化流程。在保留期限方面，应当根据不同数据类型制定差异化的存储时限表，例如学生成绩数据可设定为毕业后五年，课堂行为数据保留两年即可，达到期限后必须使用专业擦除工具进行不可逆删除。针对用户权利保障，应当设置线上自助平台，允许师生随时查阅个人数据、提出修改请求或发起删除申请，相关操作响应时间需控制在三个工作日内完成。

在人工智能服务管理层面，需重点关注三个合规要点：训练数据的知识产权合法性审核应当建立"三审"机制，包括素材来源审查、版权声明核查和使用授权验证；数据标注环节需要制定操作手册，并对标注人员进行每月轮训；对于具备舆论影响力的AI服务，除常规安全评估外，还需按照《生成式人工智能服务管理暂行办法》第17条向监管部门报备算法模型参数。

安全防护体系应当形成闭环管理。建议每季度开展渗透测试与漏洞扫描，重要系统需配备双重入侵检测装置。应急预案的制定要细化到四个响应等级，明确数据泄露事件发生后，必须在72小时内完成影响评估并向主管部门提交书面报告，同时通过加密通道逐个通知受影响用户。年度合规审计应当由具备电子数据司法鉴定资质的第三方机构执行，审计报告需包含具体指标，重点检查用户同意书签署率、数据加密覆盖率等关键指标是否达标。

通过构建上述多维度的合规框架，职业院校既能有效防控《中华人民共和国数据安全法》第 45 条规定的行政处罚风险，也可为教育技术创新提供坚实的制度基础。

1.3.3　保护隐私的策略

在职业教育中使用和开发大型语言模型服务时，保护学生和教职工的隐私至关重要。以下是一些具体的策略及其应用示例，帮助学校和开发者确保数据处理活动符合法律法规要求，保护隐私权和数据安全。

（1）数据加密：数据加密是保护隐私的基本措施之一。对于存储在服务器上的所有个人数据，使用强加密算法（如 AES-256）进行加密。比如，学校在保存学生成绩和个人信息时，应该使用加密技术，这样即使数据被盗取，也无法被轻易解读。在传输数据时，使用 TLS（传输层安全）协议进行加密，确保数据在网络传输过程中不会被截获。例如，学生在远程登录学习平台时，所有的数据传输都应通过加密连接进行，防止中间人攻击。对于开发者来说，开发的职业教育应用程序在数据传输过程中必须确保使用 TLS 协议，以保护用户数据的安全。此外，在使用云服务商的 ECS 实例进行远程访问时，通过 RDP 和 SSH 连接前，应通过可信渠道校验证书指纹，确保连接的安全性和防止未经授权的访问。

（2）访问控制：实施严格的访问控制措施，确保只有经过授权的用户才能访问敏感数据。使用多因素身份验证（MFA）和强密码策略，是有效的做法。比如，教职工在访问学生信息管理系统时，需要通过 MFA 进行身份验证，确保只有授权人员可以访问这些数据。对于开发者来说，在设计职业教育应用时，应确保用户访问敏感数据时需要进行多因素身份验证。像 OpenAI 的 ChatGPT 就提供了 MFA 来控制登录，确保只有经过身份验证的用户才能访问服务。

角色基于访问控制（RBAC）可以确保用户只能访问与其角色相关的数据。例如，学校管理员可以访问所有学生数据，而普通教师只能访问其班级学生的数据。开发者在设计系统时也应当考虑到不同用户角色的访问权限设置。

此外，ECS 实例的密码也要足够强，Linux 机器建议安装 fail2ban 来防止暴力破解攻击，进一步增强系统的安全性。

（3）数据匿名化和去标识化：在数据分析和模型训练过程中，使用匿名化技术处理数据，可以有效保护隐私。比如，学校在使用大型语言模型进行教学数据分析时，应先将数据进行匿名化处理，确保分析过程中无法识别出具体个人身份。开发者在设计数据分析工具时，也应内置匿名化功能，确保所有处理的数据在分析前都经过匿名化处理。去标识化技术也是保护隐私的重要手段。例如，在共享数据集给第三方研究机构时，应先对数据进行去标识化处理，防止数据被重新识别出个人身份。开发者在设计数据共享功能时，应确保数据在共享前经过去标识化处理。

在使用在线大型语言模型服务时，输入的信息也可以进行一定的匿名化和去标识化处理。比如，学生在使用在线学习平台进行问答时，可以用假名或替代信息代替真实个人信息，确保在提交数据进行分析和处理时，不会泄露真实身份。具体来说，人名、校名、地址、号码等信息都应该进行处理。

1）人名：使用假名或缩写代替真实姓名。例如，将"张三"替换为"Z先生"或"J.S."

2）校名：使用通用术语或代码代替真实校名。例如，将"开放大学"替换为"B大学"或"University A"。

3）地址：提供模糊或部分信息，而非详细地址。例如，将"北京市海淀区××路123号"替换为"北京市××区"。

4）号码：用随机生成的号码代替真实号码。例如，将电话号码"12345678901"替换为"9876543210"。

在和ChatGPT等在线语言模型进行交互时，用户可以在输入信息时主动进行这些替换。例如，当需要咨询某个具体问题时，可以说"在我们学校（而不是具体的校名）"或者"我的朋友J（而不是具体的人名）"。这样，即使数据被模型存储或用于分析，也不会直接泄露个人敏感信息。

开发者在设计在线语言模型服务时，应提供相关功能，让用户能够在输入信息时进行匿名化或去标识化处理，并在需要时自行替换回来。例如，开发一个自动替换工具，当用户输入包含敏感信息的内容时，系统会自动识别并提示用户进行替换，确保数据的安全性和隐私保护。

（4）隐私政策和用户告知：制定清晰、透明的隐私政策，并向用户告知，是保护隐私的关键。学校应在其网站上公布隐私政策，详细说明数据收集、处理和存储的方式，并获得用户的明确同意。比如，学校在注册新学生时，应通过隐私政策告知学生及其家长数据的使用方式，并获得他们的同意。开发者在设计职业教育应用时，也应确保应用内有明确的隐私政策，并在用户注册或首次使用时告知用户并获得同意。隐私政策应定期更新，确保其符合最新的法律法规要求和行业最佳实践。如果隐私政策发生重大变更，学校和开发者应及时通知用户并重新获得同意。

（5）数据访问和删除权：为用户提供简便的方式，让其可以随时访问和查看其个人数据，是保障隐私的重要策略。比如，学校应提供在线平台，允许学生和教职工登录查看其个人信息，并下载需要的数据。开发者在设计职业教育应用时，应确保用户能够轻松访问和下载其个人数据。删除数据的机制同样重要。用户应有权请求删除其个人数据，学校在收到请求后，应及时、安全地删除数据，并告知用户删除结果。例如，学生毕业后，可以请求学校删除其个人信息，学校应按照法律要求进行处理。开发者在设计应用时，也应提供数据删除功能，并确保在用户请求删除数据后，数据能够被及时、安全地删除。

（6）安全审计和监控：定期进行安全审计和监控，是确保隐私保护措施有效的重要手段。学校应定期进行内部和外部安全审计，检查数据保护措施的有效性和合规性，记录审计结果，发现问题及时整改。例如，学校每季度进行一次安全审计，确保所有数据处理活动符合法律法规要求，包括遵循网络安全等级保护制度和数据分级分类保护的要求。开发者在维护职业教育应用时，也应定期进行安全审计，确保应用符合数据保护标准，特别是在数据分类和分级保护方面。

实施实时监控系统，可以及时检测和防范潜在的数据泄露和安全威胁。比如，学校使用自动化安全响应机制，在发现异常活动时，立即采取措施，防止数据泄露。此类系统应能够监控数据访问和处理活动，识别并响应可疑行为。开发者应在应用中内置安全监控功能，实时检测潜在的安全威胁并快速响应。比如，实时监控学生信息访问日志，发现异常访问模式时立即触发警报和保护措施，确保敏感数据不被泄露或滥用。

此外，学校和开发者应遵守数据分级分类保护要求，根据数据的敏感性和重要性，实施相应的保护措施。对于高敏感度的数据，如学生的个人信息和成绩记录，应采用更严格的访问控制和加密措施。定期审查和更新数据分类和分级保护策略，确保其与最新的安全标准和法规要求一致。例如，学校应对学生数据进行分类，将其分为一般数据、敏感数据和高敏感数据，分别采取不同级别的保护措施，以确保数据的安全和隐私。开发者在设计和维护应用时，也应考虑到这些数据分类和分级保护要求，确保应用能够有效保护不同级别的数据。

（7）员工培训和意识提升：定期对教职工和开发者进行数据隐私和安全培训，是提升数据保护意识和技能的有效手段。学校应根据《中华人民共和国网络安全法》《中华人民共和国数据安全法》《中华人民共和国个人信息保护法》《生成式人工智能服务管理暂行办法》的最新要求和最佳实践，确保所有相关人员了解并遵守这些法律法规。例如，学校每年举行数据隐私保护培训，帮助教职工了解最新的隐私保护措施和法律要求，特别是如何在职业教育中使用和开发大型语言模型时保护数据隐私。

开发者也应定期接受数据隐私和安全培训，确保在开发和维护职业教育应用时，遵循最新的隐私保护标准和最佳实践。这包括了解数据最小化原则、数据加密和访问控制技术的应用，以及如何在设计和实现应用时确保数据的匿名化和去标识化处理。

定期进行数据泄露和安全事件应急演练，可以确保所有人员熟悉应急响应流程，提高整体安全防护能力。通过演练发现和改进应急响应计划，学校和开发者可以更好地应对潜在的数据安全事件。例如，学校可以模拟一次数据泄露事件，教职工和 IT 团队一起练习如何快速识别、隔离并解决问题，同时通知相关用户和监管机构。开发者在演练中则可以测试应用的安全机制，确保能够有效防范和应对数据泄露。

此外，还可以进行钓鱼演练，以提高教职工和开发者对网络钓鱼攻击的识别和防范能力。钓鱼演练可以模拟常见的网络钓鱼攻击，帮助参与者识别可疑邮件和链接，从而避免泄露个人信息和登录凭据。这类演练可以大幅提高整体防御能力，防止因钓鱼攻击导致的数据泄露和安全事件。

通过这些培训和演练，学校和开发者可以不断提升数据保护的意识和能力，在使用和开发大型语言模型服务时，更好地保护学生和教职工的隐私和数据安全。这不仅符合《中华人民共和国网络安全法》《中华人民共和国数据安全法》《中华人民共和国个人信息保护法》《生成式人工智能服务管理暂行办法》的要求，也有助于提升职业教育技术的安全性和可信赖性。

通过实施以上隐私保护策略，职业教育机构和开发者可以有效保护学生和教职工的个人数据，确保数据处理活动的合法性和透明性，同时维护用户的隐私权和信任。

2　AI 赋能课堂提高效率

在现代职业教育中，随着科技的不断进步，AI 技术逐渐融入课堂教学的各个环节，为教师和学生提供了更多的辅助功能和便利。虽然本书的主题是大型语言模型人工智能在职业教育中的应用探索，但为了更好地结合实际，本书不仅应用了大型语言模型的技术，还利用了其他先进的人工智能技术。这些技术可以帮助教师优化教学方法、制作教学资源、增强课堂互动以及改进评估和反馈机制。本章将详细介绍如何利用这些先进的 AI 工具来辅助职业教育课堂，提高教学效果和学习效率。

在多媒体内容的制作方面，本章将探讨如何使用文字到语音的转换工具，把书面内容转化为有声材料，丰富职业教育课堂的教学形式。同时，本章还会介绍 AI 配音技术和实践，展示如何通过 AI 实现高质量的配音，增强职业教育教学视频的吸引力。

在教学资源的制作方面，本章将介绍如何利用 AI 生成视频脚本和字幕文本，简化职业教育多媒体教学资源的制作过程。通过探讨 AI 文本指导生成图表和流程图的方法，帮助教师快速创建适用于职业教育的直观教学材料。

在教学设计方面，本章将推荐各种教案设计的 AI 工具，帮助职业教育教师优化课程设计，提高教学质量。同时，本章还会提供增强课堂互动和参与的策略，通过 AI 技术让职业教育课堂更加生动有趣。

在作业出题和学习评价方面，AI 自动化评估将介绍 AI 辅助出题的工具和方法，帮助职业教育教师高效地设计考试和作业题目。本章还会探讨自动评分和反馈的 AI 技术，减轻教师的工作负担，同时提供即时和个性化的学生反馈。

最后，在课程设计与更新方面，本章将分析如何利用 AI 进行职业教育课程结构规划，加速课程开发过程。探讨 AI 辅助的课程内容更新方法，确保教学内容与时俱进，满足不断变化的职业教育需求。

通过这些内容，读者将全面了解 AI 技术如何辅助和优化职业教育的传统教学模式，提供更加高效和个性化的教育体验。这不仅有助于教师提升教学水平，也能激发学生的学习兴趣和主动性，为未来的职业教育发展提供更多支持和可能性。

2.1 文字音频转换与 AI 配音：多媒体内容的制作

在职业教育中，使用多媒体内容可以极大地丰富教学形式，提高学生的学习兴趣和参与度。文字到音频的转换工具和 AI 配音技术是实现这一目标的重要手段。通过这些技术，教师可以将书面内容转化为生动的有声材料，并为教学视频配上高质量的语音解说，从而增强教学效果。

文字到音频的转换工具能够将文本内容快速转换为语音，这不仅方便了有听力需求的学生，还能够让学习内容以更生动的形式呈现。这类工具使用简单，效果显著，适合在各种教学场景中应用。例如，教师可以将课文、讲义，甚至是作业指示通过文字到音频工具转换为语音文件，让学生可以随时随地通过听的方式获取学习内容。

AI 配音技术则进一步提升了多媒体内容的质量。通过 AI 配音，教师可以为教学视频、演示文稿等多媒体材料添加自然、流畅的语音解说，增强内容的吸引力和传达效果。AI 配音不仅能够模仿真人的语音，还可以根据需要调整语速、语调等，使解说更加契合教学内容的需求。

接下来将详细介绍几种常用的文字到音频转换工具及其应用方法，并探讨 AI 配音技术的实际操作和应用案例。通过这些介绍，教师可以更好地利用 AI 技术来制作高质量的多媒体教学资源，丰富课堂教学形式，提高教学效果。通过这些技术应用，教师可以更好地辅助职业教育，提升学生的学习体验。

2.1.1 文字到音频的转换工具

2.1.1.1 重要性和应用场景

文字到音频转换工具在职业教育中具有重要意义。这些工具不仅能够丰富教学形式，还能提升学生的学习体验和参与度。通过将文字内容转化为语音，教师可以更灵活地传递信息，满足不同学生的学习需求。

首先，文字到音频转换工具在课堂讲解中有着广泛的应用。教师可以将课程讲义、教材内容转换为语音文件，供学生在课前预习或课后复习时使用。这种方式尤其适用于需要频繁阅读和记忆大量文字内容的课程。

其次，在作业指示和学习材料方面，文字到音频转换工具也发挥了重要作用。教师可以将作业说明、学习指南等内容转换为语音文件，方便学生随时随地通过听的方式获取信息，特别是便于视力有障碍的学生、在通勤过程中希望利用时间学习的学生，或者眼睛需要休息的学生。

再次，这些工具还能用于制作多媒体教学资源。通过将文字内容转化为语音，教师可以轻松制作有声课件、教学视频等多媒体材料，增加课堂的互动性和趣味性。例如，在制作实验操作视频时，教师可以为每个步骤配上详细的语音讲解，帮助学生更好地理解和掌握操作流程。

最后，文字到音频转换工具在职业教育中的应用场景非常广泛，可以帮助教师提高教学效率，丰富教学内容，满足不同学生的学习需求。通过这些工具，教师能够更好地利用现代科技手段，为学生提供多样化的学习体验。

2.1.1.2　常见的文字到音频转换工具及其特点

在职业教育中，有许多常见的文字到音频转换工具，它们各具特点，可以满足不同的教学需求。以下是几种常用的工具及其特点。

首先，文字到音频转换工具（Text-to-Speech，TTS）技术已经被广泛应用于各种设备中，例如 iOS 设备上的朗读功能。这类功能便捷且易于使用，帮助用户将文本内容转换为语音。然而，随着技术的发展，语音合成技术已经从传统的 TTS 进化到可以根据少量样本克隆语音，实现更自然、更个性化的语音输出。

微软 Azure 语音合成服务是一个强大的云服务，支持高质量的语音合成，并提供 API 接口。它提供多种音色选择，用户可以调整语速、音调和音量，适用于大规模、多场景的应用。Edge 浏览器的朗读功能基于微软 Azure 的语音合成技术，通过浏览器免费提供 TTS 功能，用户只需在浏览器中选择文本进行朗读，使用方便。开源项目如 edge-tts（由 rany2 开发）将这一功能封装成易于使用的工具，进一步降低了使用门槛。可以在 GitHub 上搜索"edge-tts"获取更多信息。

谷歌云语音合成服务同样是一个强大的云服务，支持多种语言和音色，并提供 API 接口。它的语音合成效果自然，支持多种定制化设置，能够满足多样化的语音合成需求。

阿里云语音合成服务提供高拟真度、灵活配置的语音合成产品，支持语速、语调和音量的调节。阿里云还提供语音合成精品定制服务，通过定制化的音色库来实现更加符合业务场景的专属音色。这些服务适用于智能客服、有声阅读等应用场景。

腾讯云语音合成服务支持多场景、多语言的音色选择，并提供 API 接口和 SSML 标记语言支持。其语音合成效果优秀，支持自定义音量、语速等参数，广泛适用于智能客服、有声阅读、新闻播报等场景。腾讯云还提供声音工坊（Text To Speech Workshop，TTSW），提供声音复刻、音色变换、声音定制等前沿语音能力。通过先进的深度学习技术，根据实际业务场景，提供针对性的语音技术产品，适用于智能客服、有声阅读、新闻播报、虚拟人、电商直播、短视频制作等场景。可以通过微信读书的听书功能来体验其语音合成质量。

此外，开源项目如 Real-Time-Voice-Cloning（由 CorentinJ 开发）、OpenVoice（由 myshell-ai 开发）、GPT-SoVITS（由 RVC-Boss 开发）和 ChatTTS（由 2noise 开发）等，基于开源社区开发，提供多种语音合成和声音克隆功能。这些项目免费

使用，支持自定义开发和集成，适合技术团队或有编程能力的教师使用，为职业教育提供了灵活而经济的解决方案。可在 GitHub 上搜索相应项目名称以获取详细信息。

这些文字到音频转换工具各具特点，教师可以根据具体需求选择合适的工具，利用这些技术手段，提高职业教育的教学质量和效率。

2.1.1.3　使用文字到音频转换工具的指南和建议

在职业教育中使用文字到音频转换工具可以极大地提高教学效率和丰富教学资源。以下是一些常见工具的使用指南和选型建议，帮助教师更好地利用这些技术手段。

A　使用指南

云服务的使用如下。

（1）注册和申请：云服务（如微软 Azure、谷歌云、阿里云和腾讯云）都需要注册账户并申请使用 API 接口。教师或开发者需要前往相应的官网，进行注册并获取 API 密钥。

（2）技术文档查阅：每个云服务提供商都会提供详细的技术文档和使用指南。用户需要查阅这些文档，了解如何调用 API 进行文字到音频的转换操作。例如，通过 API 请求发送文本内容，并接收生成的音频文件。

（3）使用示例：通常，技术文档中会包含示例代码，用户可以根据这些示例代码进行测试和开发。注意设置合适的语速、语调和音量等参数，以满足具体的教学需求。

开源项目的使用如下。

网络连接和部署：许多开源项目（如 Real-Time-Voice-Cloning、OpenVoice 和 GPT-SoVITS 等）需要在具备良好网络连接的环境下使用。为了使访问网络更为顺畅，建议通过云服务的境外 ECS（如阿里云或腾讯云的境外服务器）进行部署使用。

查阅技术文档：开源项目通常会在其 GitHub 页面提供详细的安装和使用说明。用户需要查阅这些文档，按照步骤进行环境配置、依赖安装和项目部署。

开发和集成：根据项目提供的示例代码和接口说明，进行实际开发和集成。用户可以根据具体需求调整配置参数，实现文字到音频的转换和语音克隆功能。

B　选型建议

若需定制化服务或专属音色，阿里云与腾讯云的企业级产品是理想选择，但成本较高且主要面向企业；个人用户可通过字节跳动的"豆包"App 尝试音色定制。对于具备开发能力的团队，推荐基于开源项目构建方案：例如 Real-Time-Voice-Cloning、OpenVoice 或 GPT-SoVITS，这些项目提供灵活功能但需技术门槛。若无开发资源且预算有限，edge-tts 等免费工具可满足基础需求。

详细调研显示，当前领先的开源项目包括 XTTS-v2、OpenVoice V2、StyleTTS 2 及 TortoiseTTS。

XTTS-v2 由 Coqui AI 开发，支持 17 种语言（含中文），其语音克隆能力仅需 6 秒音频即可跨语言复刻声音，并支持情感风格转移；低延迟特性（消费级 GPU 流式延迟低于 150ms）使其适合实时场景。尽管 Coqui AI 已关闭，项目仍由社区维护。OpenVoice V2（MyShell. ai 开发）覆盖 6 种语言，提供即时克隆与细粒度控制（情感、口音、语调），MIT 许可证允许商业使用；2024 年 V2 版本提升了音频质量，适合企业级应用。StyleTTS 2 采用风格扩散技术，在英语自然度上接近人类水平，但中文支持有限；其优势在于无需参考音频即可生成多样化风格。TortoiseTTS 则专注英语高品质合成，依赖参考音频创建定制声音，音质极高但推理速度较慢，适合有声读物等非实时场景。

对比分析：多语言场景下，XTTS-v2 与 OpenVoice V2 表现最佳；语音克隆效率方面，XTTS-v2 的 6 秒克隆领先，而 OpenVoice V2 提供更细粒度控制。自然度与速度上，StyleTTS 2 英语合成接近真人，XTTS-v2 与 OpenVoice V2 平衡性较好，TortoiseTTS 音质卓越但速度受限。用户反馈显示，OpenVoice V2 在速度与质量间取得平衡，XTTS-v2 资源消耗较高但音频质量略优，TortoiseTTS 因自然度受推崇但存在语调瑕疵。

适用场景：XTTS-v2 适合多语言虚拟助手与跨语言内容创作；OpenVoice V2 适用于企业级语音方案及个性化内容生成；StyleTTS 2 与 TortoiseTTS 更适配英语高品质需求，如游戏配音与有声读物。未来技术可能向实时性能、多语言支持及克隆效率方向演进，建议开发者持续关注社区动态以优化选型决策。

2.1.2　AI 配音技术和实践

2.1.2.1　AI 配音的优势

AI 配音技术利用人工智能生成自然流畅的语音，为多媒体内容的制作带来了极大的便利。与传统的文字到语音转换相比，AI 配音能够更加生动地表达情感和语调，使得教学视频、虚拟讲师等内容更加生动有趣。现在，许多短视频平台已经广泛使用了 AI 配音技术。大家在刷短视频平台时，经常会听到 AI 配音的剧情讲解。这些配音流畅自然，错误率极低，仅在特别的多音字等少数情况下会出现读错的情况，极大地提升了视频内容的吸引力和可听性。

什么是 AI 配音。AI 配音指的是通过人工智能技术，将文本内容转换为自然流畅的语音。现代的 AI 配音技术能够模拟人类的语调和情感，使合成的语音听起来更加逼真。例如，微软 Azure 的语音合成服务可以生成与人类语音的语调和情感相匹配的流畅、自然发音的语音。

自然流畅的语音：AI 配音技术利用深度学习和神经网络生成的语音更加自

然，能够模拟人类的语音特征和情感表达。这使得配音效果更接近真人，增强了多媒体内容的吸引力。例如，当前很多营销电话都使用 AI 配音开头，许多人都无法辨识出与其对话的是人工智能。

丰富的情感和语调：AI 配音不仅能够生成普通的语音，还可以根据文本内容和上下文生成带有情感和不同语调的语音。这在教学中尤为重要，能够通过语音的变化来强调重点和关键内容，帮助学生更好地理解和记忆。例如，通过微调语音参数（如语速、音调和停顿）可以优化语音输出，使其更加适合特定的教学场景。

多语言支持结合翻译功能：现代的 AI 配音工具通常支持多种语言和方言，并且可以结合翻译功能，这对于职业教育中的国际化教学和多语言课程制作非常有帮助。教师可以先使用大型语言模型翻译教学内容，再通过 AI 配音工具将其转换为语音，从而制作适合不同语言背景学生的教学内容，扩大教学的覆盖范围。

高效便捷的制作过程：相比人工配音，AI 配音技术大大简化了语音制作的过程，且错误率低很多。教师只需输入文本，选择合适的语音参数，系统便可以自动生成高质量的语音文件。这不仅节省了大量的时间和精力，还使得非专业人士也能够轻松进行配音制作。

个性化和定制化：一些高级的 AI 配音工具和平台还支持声音定制和个性化服务。用户可以创建反映品牌标识的唯一 AI 语音，微调合成的语音音频以适应具体需求。这些工具通常提供精细的文本转语音音频控制功能，允许用户调整语速、音调、发音和停顿等参数。例如，通过语音合成标记语言或音频内容创建工具，可以定义词典和控制发音细节。

综上所述，AI 配音技术在职业教育中具有显著的优势。它不仅提升了多媒体内容的质量和吸引力，还极大地提高了制作效率，使得教师能够更加专注于教学内容本身，而非烦琐的技术操作。通过利用 AI 配音技术，教师可以创造出更加生动、有趣且高效的教学资源。

2.1.2.2 常见 AI 配音工具介绍

在职业教育中，选择合适的 AI 配音工具能够显著提升教学效率和多媒体内容质量。目前，开源工具与商业软件共同构成了多样化的解决方案，其中开源项目因其灵活性和成本优势更受技术用户青睐。首先，Auto-Synced-Translated-Dubs 作为代表性开源工具，通过 SRT 文件生成音频并实现视频同步，其特点在于利用 Google Cloud 或 DeepL 进行自动翻译，并通过神经语音合成技术调整音频时长；该工具适合多语言课程制作，但需具备技术基础并依赖云服务。其次，subtitle_to_speech 同样基于 SRT 文件生成同步配音，其优势在于支持 Docker 跨平台运行，并允许自定义语言与语速参数，适合批量处理教学视频，但同样存在技术门槛。

　　值得注意的是，其他开源项目进一步扩展了功能边界。例如，Pandrator 通过直接处理 SRT 文件生成同步音频，并支持本地 LLM 或 GPT-4o 进行翻译，其XTTS 引擎可输出自然语音，但需依赖大型模型导致安装包较大；SoniTranslate 则提供用户友好的 Web 界面，支持语音克隆与多语言输出，尤其适合内容创作者快速生成带字幕的视频。此外，Union. ai 工具链通过模块化设计整合 Whisper、M2M-100 翻译模型和 Coqui XTTS，允许技术用户自由组合模型并优化性能，但需自行处理集成步骤。对于需要低成本解决方案的场景，Dubbie 以 0. 1 美元/分钟的定价吸引小型创作者，但其功能尚处早期阶段。

　　商业软件方面，剪映（CapCut）凭借直观的操作界面和音色克隆功能，成为非技术教师的首选工具；其支持多语言与自然语音生成，适合快速制作短视频。类似地，Maestra AI 和 ElevenLabs 等商业平台提供高质量的语音合成与多语言支持，但需支付订阅费用。从工具链构建的最佳实践来看，模块化设计、语言兼容性及同步优化是关键：例如，采用 Whisper 进行转录、M2M-100 实现多语言翻译，再结合 Coqui XTTS 生成自然语音，能够平衡效率与质量。当前，开源项目与商业工具形成互补生态，教育从业者可根据技术能力与预算选择适配方案，而AI 技术的持续进步将进一步降低多语言内容制作的门槛。

2.1.2.3　AI 配音的实践指南

　　在职业教育中使用 AI 配音工具可以大大提升教学视频的制作效率和质量。以下是一些常见工具的实践指南，帮助教师和开发者顺利进行 AI 配音制作。

　　使用剪映进行 AI 配音的步骤如下。

　　（1）导入素材：打开剪映，可以导入录制好的操作视频、一些操作截图，或者一些拍摄的视频或图片作为视觉上的素材，不一定非要是视频。

　　（2）添加文本：在视频编辑界面，选择"添加文本"功能。可以使用专业的字幕编辑工具（如 Aegisub 或 Subtitle Edit）先编辑好字幕文件。这些工具可以边对着视频边在合适的时间点输入文本，避免手工编辑字幕文件的低效。

　　（3）生成配音：将编辑好的字幕文件导入剪映并放入轨道中，选择字幕轨道的文本，点击"朗读"功能。选择合适的语言和音色，点击"生成"按钮，等待生成语音文件。剪映还提供克隆音色的选项，可以创建反映个人特色的专属AI 语音。

　　（4）导出视频：完成配音后，点击"导出"按钮，保存带有 AI 配音的视频文件。

　　剪映操作简便，非常适合没有技术背景的教师使用，特别是需要快速生成配音的短视频和演示视频。

　　使用开源项目进行 AI 配音的步骤如下。

　　（1）准备字幕文件：先手工生成教学内容的字幕文件，可以使用 Aegisub 或

Subtitle Edit 等工具辅助生成字幕。这些工具可以在合适的时间点输入文本，生成准确的字幕文件。生成的字幕文件可以使用大型语言模型（如 OpenAI 的 GPT-3.5）进行润色，以确保文本内容更为流畅和自然。

（2）安装并配置工具：根据项目的安装指南，安装并配置开源工具，如 Auto-Synced-Translated-Dubs 或 subtitle_to_speech。

（3）Auto-Synced-Translated-Dubs：下载并配置项目所需的依赖和 API 密钥。使用 Google Cloud 或 DeepL 进行翻译，将文本转换为多种语言的字幕文件，并生成同步的音频文件。可在 GitHub 上搜索"Auto-Synced-Translated-Dubs"（由 ThioJoe 开发）获取详细安装和使用信息。

（4）subtitle_to_speech：基于 Docker 运行，支持多个操作系统，使用 Google 文本到语音 API。用户可以指定语言、语速和输出文件名，灵活生成语音文件。可以在 GitHub 上搜索"subtitle_to_speech"（由 bryan-brancotte 开发）以获取更多信息。

（5）生成音频文件：将字幕文件导入工具中，选择合适的语音合成选项，生成音频文件。利用工具的配置选项，可以调整语音的情感和语速，以确保配音效果符合教学需求。

（6）合成视频：将生成的音频文件与视频素材合成，完成教学视频的制作。

需要注意的是，使用这些开源项目需要一定的技术基础，尤其是利用云服务商的语音 API。个人应具备以下技能：Python 基础：需要具备 Python3 的基础知识，能够根据项目的使用说明运行 Python 脚本。运行开源项目的技能：能够根据开源项目的描述运行这些 Python 项目。例如，配置好配置文件后，运行 Python main. py 脚本完成操作，生成的翻译字幕文件和配音音轨会保存在"output"文件夹中。还可以使用单独的 TrackAdder. py 脚本，将生成的语言音轨自动添加到 mp4 视频文件中，这需要安装 ffmpeg。申请云服务资源：能够根据云服务商的文档申请相关资源，例如 Google Cloud 或 Azure 的语音合成 API。使用境外 ECS：项目下载安装和使用国外云平台的语音合成服务时，均需要通过网络。为了避免跨境网络慢或者连接中断问题，一般需要使用境外的 ECS（如上一个大章节提到的）作为中转。

通过这些实践步骤，教师和开发者可以高效地利用 AI 配音工具制作教学视频。无论是使用直观简便的剪映，还是功能强大的开源工具，这些方法都能为职业教育的多媒体制作提供有力支持。结合大型语言模型生成和整理文本内容，进一步提升了 AI 配音的效果和应用范围。

2.2 教学资源制作：用 AI 辅助创造

在现代职业教育中，如何更直观地展示教学内容和更有效地表达知识点成为教学资源制作的关键。AI 技术的迅猛发展为这一领域提供了新的可能性和极大便利。通过利用 AI 工具，教师不仅可以生成更为丰富的教学内容，还能够大大提升制作效率，节省时间和精力。本节将探讨如何使用 AI 技术生成视频脚本和字幕文本，以及通过大型语言模型辅助生成图表和流程图，从而实现更为生动和直观的教学材料。

借助语音识别和大型语言模型，AI 在生成视频脚本和字幕文本方面表现出色。教师可以通过 AI 工具快速生成符合教学需求的视频脚本，并进一步生成对应的字幕文件。这不仅提高了教学视频制作的效率，还确保了内容的准确性和一致性。无论是课程讲解、实验操作演示，还是案例分析，AI 都能提供强有力的支持，帮助教师轻松创建高质量的教学视频。

此外，在大型语言模型的辅助下，AI 在多媒体教学材料的制作中同样展现了强大的能力。通过使用如 Mermaid 等可以通过文本描述图片的工具，教师可以通过 AI 生成的文本轻松创建各类图表和流程图。这样不仅使抽象的概念和复杂的流程变得更加直观和易于理解，还能自动生成相应的图形，减少手动绘制的烦琐过程，提升图形的美观度和专业性。此外，有的多模态大型语言模型（如 GPT-4o）还支持直接生成图表，使得制作过程更加便捷和高效。

总之，利用 AI 技术辅助教学资源的制作，不仅能够显著提升资源的质量和多样性，还能有效减轻教师的工作负担，让他们能够将更多精力投入到教学内容的设计和学生的互动中去。通过本节的内容，读者将了解如何利用 AI 生成视频脚本和字幕文本，以及通过大型语言模型辅助生成图表和流程图，进一步丰富和优化职业教育的教学资源。

2.2.1　利用 AI 生成视频脚本和字幕文本

2.2.1.1　使用大型语言模型辅助生成视频对话脚本

使用大型语言模型生成视频对话脚本可以极大地提高教学视频制作的效率和质量。通过预先生成详细的脚本，教师可以在录制操作视频时跟随脚本进行讲解和操作，避免临时思考带来的错误，从而提高视频的连贯性和专业性。

首先，教师需要将视频所要阐述的具体教学内容整理成文档。这可以是教学大纲、课程笔记或教学目标的详细描述。然后，将这些内容输入到大型语言模型中。目前，有多种工具可以帮助实现这一过程。例如，教师可以通过与 ChatGPT 对话，请求生成视频脚本。

大型语言模型会根据输入的教学内容，分析关键点和知识点，生成详细的视频对话脚本。这个脚本包括了教师需要在视频中讲解的所有内容，分步骤详细描述。例如，操作步骤、讲解要点和需要特别强调的部分都将被清晰地列出。教师可以直接使用这个脚本进行录制，确保讲解过程清晰、完整。

使用大型语言模型生成视频对话脚本有许多好处。首先，它可以降低出错概率，教师可以按照预先生成的脚本进行讲解，减少即兴发挥带来的错误。其次，提前准备好详细的脚本，可以使录制过程更加顺畅，节省反复录制和修改的时间。再次，脚本由模型生成，确保了内容的连贯性和一致性，避免了遗漏和重复。最后，脚本经过模型的分析和优化，使讲解更加专业、条理清晰，有助于学生更好地理解和掌握教学内容。

例如，在制作一个关于编程基础的课程视频时，教师可以将编程语言的基本概念、语法规则和示例代码输入到大型语言模型中。模型会生成一个脚本，详细说明每个概念的讲解步骤、代码演示的顺序和关键要点。这样，教师在录制视频时可以轻松跟随脚本，确保每个知识点都能准确传达给学生。

以下是问 ChatGPT（GPT-4o）的内容。

你好，ChatGPT。我需要制作一个关于 Python 中循环用法的教学视频。请帮我生成一个详细的视频对话脚本，涵盖以下内容。

1. 简介：什么是循环，为什么在编程中很重要。
2. for 循环：介绍 for 循环的语法和基本用法，提供一个简单的示例。
3. while 循环：介绍 while 循环的语法和基本用法，提供一个简单的示例。
4. 嵌套循环：解释嵌套循环是什么、何时使用，提供一个示例。
5. 实践案例：使用循环解决一个实际问题，例如计算 1~100 的所有数字之和。
6. 注意事项：循环使用中的常见错误和最佳实践。

请按照以上大纲生成一个详细的对话脚本，方便我在录制视频时使用。谢谢！

ChatGPT（GPT-4o）回答。

视频对话脚本：Python 中的循环用法

1. 简介

主持人：
大家好，欢迎收看我们的编程教学视频。在这期视频中，我们将讨论 Python 中的循环。循环是编程中非常重要的一个概念，它允许我们重复执行某段代码，从而提高代码的效率和可读性。无论是在数据处理、自动化任务还是算法实现中，循环都是不可或缺的工具。

2. for 循环

＊＊主持人＊＊：
首先，让我们来看一下 for 循环。for 循环用于遍历一个序列，例如列表、元组或字符串。它的语法非常简单：

```python
for 变量 in 序列：
    执行语句
```

我们来看一个简单的示例，通过一个列表打印出所有元素：

```python
fruits = ['apple','banana','cherry']
for fruit in fruits：
    print（fruit）
```

在这个示例中，for 循环遍历列表'fruits'，并依次将每个元素打印出来。

3. while 循环

＊＊主持人＊＊：
接下来，我们来看 while 循环。while 循环在某个条件为 True 时反复执行代码块。它的语法如下：

```python
while 条件：
    执行语句
```

我们来看一个简单的示例，计算从 1~5 的数字之和：

```python
total = 0
i = 1
while i <= 5：
    total += i
    i += 1
```

```
print(total)
'''
```

在这个示例中，while 循环不断累加变量'i'的值，直到'i'大于 5 为止。

4. 嵌套循环

主持人：
有时候，我们需要在一个循环内部再嵌套一个循环，这就是嵌套循环。嵌套循环常用于处理多维数据或实现复杂的算法。我们来看一个示例，使用嵌套循环打印一个 3×3 的矩阵：

```python
for i in range(3):
    for j in range(3):
        print(f'({i},{j})',end=' ')
    print()
'''
```

在这个示例中，外层的 for 循环控制行，内层的 for 循环控制列，从而打印出一个 3×3 的矩阵坐标。

5. 实践案例：计算 1~100 的所有数字之和

主持人：
现在，让我们使用循环解决一个实际问题。我们要计算 1~100 的所有数字之和。我们可以使用 for 循环来实现：

```python
total = 0
for i in range(1,101):
    total += i
print(f'1 到 100 的所有数字之和是：{total}')
'''
```

在这个示例中，我们使用 for 循环遍历从 1~100 的数字，并将每个数字累加到'total'中，最后打印出结果。

6. 注意事项

主持人：
在使用循环时，有一些常见的错误和最佳实践需要注意：

1. **避免无限循环**：确保循环条件最终会变为 False，否则循环将永远执行下去。例如，在 while 循环中要记得修改条件变量。

```python
# 错误示例：无限循环
while True：
    print("这是一个无限循环")
```

2. **合理使用 break 和 continue**：'break'用于提前终止循环，'continue'用于跳过当前迭代并进入下一次循环。

```python
# 使用 break 终止循环
for i in range(10)：
    if i == 5：
        break
    print(i)

# 使用 continue 跳过迭代
for i in range(10)：
    if i % 2 == 0：
        continue
    print(i)
```

3. **优化循环性能**：避免在循环中执行不必要的计算或操作，例如，在循环内部进行列表拼接可能会降低性能。

```python
# 优化前：在循环中进行列表拼接
result = []
```

```
for i in range(1000):
    result += [i]

# 优化后:使用列表推导式
result = [i for i in range(1000)]
'''
```

＊＊主持人＊＊：
今天我们介绍了 Python 中的 for 循环、while 循环、嵌套循环以及一些实际应用和注意事项。希望这期视频对大家有所帮助。如果你有任何问题或建议，请在评论区告诉我们。感谢收看，我们下期再见！

———

希望这个脚本能帮助你顺利制作教学视频。如果有任何修改或补充需求，请随时告诉我。

通过示例，可以看出大型语言模型在辅助生成视频对话脚本方面的强大功能和实际应用效果，帮助教师更高效地制作高质量的教学视频，提升职业教育的整体教学效果。

2.2.1.2 利用 AI 进行语音识别生成和校准字幕

在制作教学视频时，生成和校准字幕是提高视频可理解性和专业性的重要步骤。通过利用 AI 进行语音识别生成初步字幕，并使用大型语言模型进行校准，可以显著提升字幕的准确性和效率。

首先，利用语音识别技术生成初步字幕。语音识别技术可以将视频中的语音内容自动转换为文本字幕。目前，有许多先进的语音识别工具可以使用，例如 OpenAI 的 Whisper。Whisper 效果非常好，并且开源，教师可以下载模型在本地离线运行，还支持生成带时间轴的 .vtt 或 .srt 文件。可以在 GitHub 上搜索"OpenAI Whisper"获取详细信息。此外，OpenAI 还提供了 Whisper 的在线接口，虽然使用需要付费，但效果非常出色。同样的模型也被用在 ChatGPT 的语音输入功能中，效果非常好。

如果不介意在线识别，还可以使用剪映的语音识别服务。这项服务也能生成字幕轨道并导出字幕文件。教师只需将录制好的视频上传到这些工具中，即可生成初步的字幕文本。

生成初步字幕后，需要进行校准以确保字幕的准确性和流畅性。此时，可以使用大型语言模型（如 ChatGPT）来进行字幕校准。大型语言模型通过分析初步字幕，识别并纠正其中的错误，使字幕更加自然和准确。为了使校准更有针对性，教师在请求大型语言模型校准字幕时，应该提供具体的教学内容，这样模型才能更好地理解视频的上下文，准确校正错误。例如，可以发送初步生成的字幕文件，并附上教学大纲或视频的主要内容概要。可以使用以下提示词：

请帮我校准这段字幕，并根据以下教学大纲进行校对和调整。这是初步生成的 srt 文件：

[插入初步生成的 srt 文件]

这是视频的教学大纲：

1. 简介
2. for 循环
3. while 循环
4. 嵌套循环
5. 实践案例
6. 注意事项

通过提供这些信息，模型能够更好地理解视频的内容，从而更准确地校正字幕中的错误。

利用 AI 进行语音识别生成和校准字幕，有以下几个好处。

（1）提高准确性：通过语音识别工具生成初步字幕，再通过 ChatGPT 进行校准，可以显著提高字幕的准确性，减少人为错误。

（2）提升效率：自动化的生成和校准过程大大节省了时间和精力，使教师能够更专注于教学内容本身。

（3）增强专业性：高质量的字幕提高了教学视频的专业性和可理解性，有助于学生更好地理解视频内容。

不过，由于语音识别模型和大型语言模型都可能会出错，最终还是需要进行进一步的人工校准。通过人工校准，可以确保字幕的最终质量，避免因模型错误导致的理解偏差。

通过这些步骤，教师可以高效地生成和校准教学视频的字幕，提升教学资源的整体质量和效果。

2.2.1.3 总结和实用建议

利用 AI 工具可以极大地提升教学视频的制作效率和质量。通过大型语言模型生成视频对话脚本，使用语音识别工具生成初步字幕，再用大型语言模型校准字幕，整个流程既高效又专业。AI 的使用减少了人为错误，让内容更加连贯一致。

选择合适的 AI 工具非常重要。像 OpenAI 的 Whisper 或剪映，这些工具在语音识别方面表现优异。生成初步字幕后，通过 ChatGPT 进行校准效果更佳。在请求大型语言模型生成或校准内容时，记得提供详细的教学大纲或视频的主要内容概要，这样模型才能更好地理解上下文，做出准确的校正。

虽然 AI 工具非常强大，但生成和校准字幕后，还是需要逐句确认字幕的准确性，确保没有遗漏或错误。如果网络环境不稳定，可以下载开源模型（如 Whisper）在本地离线运行，提高效率和稳定性。

保持对新工具和技术的关注，持续学习和尝试，利用最新的 AI 技术提升教学资源制作的质量和效率。通过这些建议，教师们能更好地利用 AI 工具，制作出高质量的教学视频，为学生提供更优质的学习资源。

2.2.2 创造多媒体教学材料：通过 AI 文本指导生成图表和文档

利用大型语言模型生成教学材料，可以显著提升教学资源的质量和制作效率。通过文本描述，结合各种工具，可以生成不同类型的图表和文档，适用于多种教学场景。以下是几种常用的方法和工具。

2.2.2.1 大型语言模型直接生成图表

大型语言模型（如 GPT-4o）的功能非常强大，能够直接生成各种类型的图表。这一能力极大地提升了教学资源制作的效率和质量。GPT-4o 不仅能够理解复杂的文本描述，还能将其转化为直观的图表，帮助教师更好地展示和解释教学内容。

GPT-4o 的直接生成图表功能使得教师只需输入简单的文本描述，即可获得相应的图表。例如，教师可以输入"生成一个显示 2023 年各季度销售额的柱状图"，GPT-4o 会分析并生成一个清晰的柱状图。以下是两个具体的示例。

（1）柱状图。向 GPT-4o 输入：

> 请生成一个显示 2023 年各季度销售额的柱状图。数据如下。
> 第一季度：150 万
> 第二季度：200 万
> 第三季度：180 万
> 第四季度：220 万
> 颜色的选择应该是适合黑白印刷的，并且里面要有方向不同的斜线。注意用中文字体

生成的柱状图如图 2-1 所示。

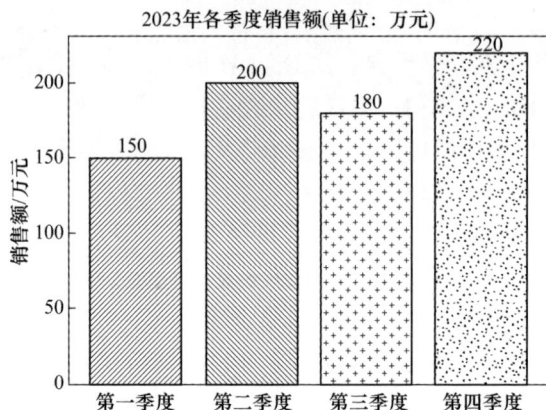

图 2-1　GPT-4o 生成的柱状图

（2）饼图。向 GPT-4o 输入：

> 　　请生成一个显示公司部门人员分布的饼图。数据如下。
> 销售部：30%
> 市场部：20%
> 研发部：25%
> 人力资源部：15%
> 财务部：10%
> 　　颜色的选择应该是适合黑白印刷的，并且里面要有方向不同的斜线

生成的饼图如图 2-2 所示。

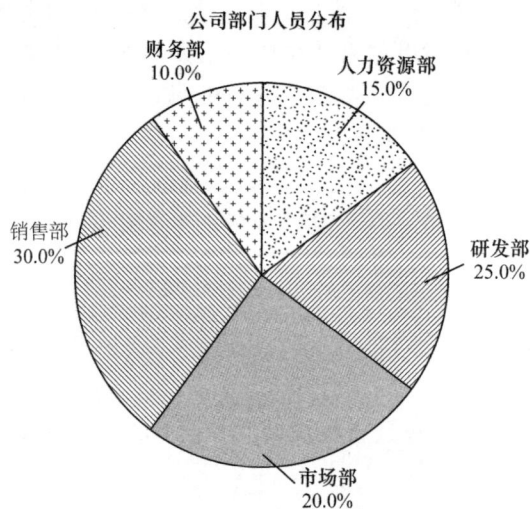

图 2-2　GPT-4o 生成的饼图示例

　　这种直接生成图表的方式有许多好处。它不仅快速高效，减少了手动绘制图表的时间和精力，还能让教师轻松获得专业的图表。即使不会使用 Excel 等传统图表工具，通过简单的文本描述也能生成所需的图表，极大地降低了技术门槛。生成的图表直观易懂，帮助学生更好地理解和掌握复杂的信息。同时，利用 GPT-4o 生成的图表，数据的准确性和一致性得到了保证，减少了人为错误的可能性。

　　通过使用 GPT-4o 直接生成图表，教师可以更专注于教学内容的设计和学生的互动，而不必花费大量时间在图表制作上。这不仅提高了教学效率，还增强了教学效果，使得课堂更加生动、直观。

2.2.2.2　辅助使用文本描述生成流程图和其他图表工具

　　通过文本描述生成流程图和其他图表是一种非常实用的方法，即使大型语言模型本身不具备直接绘图的能力（如 GPT-3.5），也可以通过专业的文本描述工具实现图表的生成。这种方法不仅灵活高效，还能适用于多种场景，极大地拓展了教学资源的制作手段。

　　常用的文本描述工具包括 Mermaid 和 PlantUML。Mermaid 是一种基于文本的绘图工具，支持生成流程图、甘特图、时序图等多种类型的图表。PlantUML 则是一种使用简单文本描述生成 UML 图的工具，适用于生成 UML 类图、时序图、活动图等。

　　具体操作步骤如下。

　　描述图表内容：教师只需要简单描述图表的内容。例如，描述一个公司的招聘流程，可以这样输入：

```
请将以下招聘流程转换为 Mermaid 语法：
1. 发布招聘信息
2. 收集简历
3. 初步筛选
4. 面试安排
5. 最终面试
6. 发送录用通知
```

　　转换为 Mermaid 或 PlantUML 语法：将上述描述输入大型语言模型中，请求其生成对应的 Mermaid 或 PlantUML 语法。例如：

```
graph TD
A[发布招聘信息] --> B[收集简历]
B --> C[初步筛选]
C --> D[面试安排]
D --> E[最终面试]
E --> F[发送录用通知]
```

使用文本描述工具生成图表：将生成的 Mermaid 语法输入到 Mermaid 工具中，自动生成对应的流程图。生成的图表清晰直观，能够有效展示流程的各个步骤和逻辑关系。

即使教师没有学习过 Mermaid 或 PlantUML 语法，通过这种方法也能利用这类工具绘制合理的图表。以下是一个生成甘特图的示例。

输入：

请将以下项目计划转换为 Mermaid 语法的甘特图。

1. 项目启动：1 月 1 日—1 月 7 日
2. 需求分析：1 月 8 日—1 月 15 日
3. 设计阶段：1 月 16 日—1 月 31 日
4. 开发阶段：2 月 1 日—3 月 31 日
5. 测试阶段：4 月 1 日—4 月 15 日
6. 项目交付：4 月 16 日—4 月 20 日

输出：

```
gantt
title 项目计划
dateFormat    YYYY-MM-DD
section 项目阶段
项目启动          : a1, 2024-01-01, 7d
需求分析          : after a1, 8d
设计阶段          : 2024-01-16, 16d
开发阶段          : 2024-02-01, 60d
测试阶段          : 2024-04-01, 15d
项目交付          : 2024-04-16, 5d
```

视频 2-1　GPT 结合 Mermaid 生成图表的操作示例

这种方法的优势在于其高灵活性和适用范围广泛。通过简单的文本描述，可以生成多种类型的图表，适用于各种教学场景。无论是流程图、甘特图，还是

UML 类图，这些工具都能够满足不同的需求。此外，这种方法极大地降低了图表制作的门槛，即使教师没有专业的用文本绘图的技能，也能轻松创建高质量的图表。

结合大型语言模型和文本描述图表的工具，教师可以高效地生成各种教学图表，丰富教学资源，提高课堂的直观性和生动性。这种方法不仅提高了教学效率，还增强了教学效果，使得复杂的信息更加易于理解和掌握。

2.2.2.3 使用 Pandoc 转换格式

Pandoc 是一款强大的文档转换工具，可以将 Markdown 转换成多种格式（如 PDF、HTML、DOCX 等）。结合大型语言模型生成的 Markdown 文本，教师可以轻松生成多种格式的教学材料。

示例和用法。

输入：

请生成一段 Markdown 文本，内容关于 Python 的 for 循环。

输出：

```
# Python 的 for 循环

在 Python 中，for 循环用于遍历序列（如列表、元组、字符串）中的元素。
语法如下：

'''python
for element in sequence：
    # 执行的代码块
'''

示例：

'''python
for i in range(5)：
    print(i)
'''

这段代码将打印 0~4。
```

将生成的 Markdown 文件保存为 example. md，然后使用 Pandoc 进行转换：

```
pandoc example. md -o example. pdf
```

通过这种方法，教师可以方便地生成和转换教学材料，适用于各种教学需求。

2.2.2.4　使用 LaTeX 生成高质量排版文档

LaTeX 是一种用于文档排版的高质量工具，尤其适用于生成包含复杂数学公式和图表的学术文档。结合大型语言模型生成的 LaTeX 代码，教师可以制作专业的教学材料。

示例和用法。

输入:

请生成一段 LaTeX 代码，内容关于二次函数图像的绘制。

输出:

以下是使用 LaTeX 绘制二次函数图像的代码，采用'pgfplots'包:

```latex
\documentclass{standalone}
\usepackage{pgfplots}
\pgfplotsset{compat=1.18}

\begin{document}

\begin{tikzpicture}
    \begin{axis}[
        axis lines = middle,
        xlabel = $x$,
        ylabel = {$f(x)$},
        grid = both,
        width=10cm,% 图像宽度
        height=8cm,% 图像高度
        samples=100,% 样本数量，用于平滑曲线
        domain=-2:2 % x 轴范围
    ]
    \addplot[
        color=blue,
        thick % 线条粗细
    ]{x^2};
```

```
    \end{axis}
\end{tikzpicture}

\end{document}
'''
```

将此代码保存为'. tex'文件，并使用 LaTeX 编译器进行编译即可生成二次函数图像。此代码绘制了函数 $f(x) = x^2$ 的图像，并在图像中添加了坐标轴和网格线，以便更好地展示函数的形状。

通过这种方法，教师可以生成高质量的学术文档，适用于课程和科研。LaTeX 强大的排版功能可以确保文档的专业性和美观性。尽管 LaTeX 语法复杂上手不易，但通过大型语言模型的生成能力，可以将绘制意图翻译为 LaTeX 文档，图 2-3 所示为以上生成的 LaTeX 代码通过在线渲染工具 Overleaf 生成的图形。

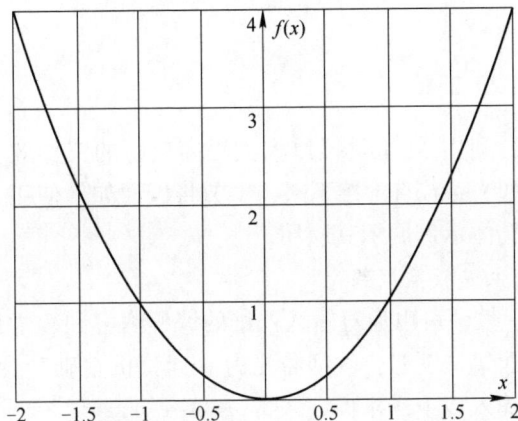

图 2-3　用大型语言模型辅助写出的 LaTeX 代码渲染效果

这些方法展示了如何结合大型语言模型生成的文本，通过使用不同的工具制作教学资源。这些工具不仅提高了教学资源的制作效率，还增强了教学效果，使得复杂的信息更加易于理解和掌握。

2.3　教学设计助手：利用 AI 优化教案与课堂互动

在职业教育中，教案设计和课堂互动是提升教学效果的关键环节。借助大型语言模型人工智能技术，如 ChatGPT，教师可以大大简化这些环节，提高教学效率和课堂参与度。

以 ChatGPT 为例，它可以帮助教师快速生成教案。通过输入课程内容和教学目标，ChatGPT 能够在几分钟内生成一个结构合理的教案框架，节省教师大量的时间和精力。同时，它还能根据教师的反馈进行调整和优化，确保教案内容更符合实际教学需求。

在课堂互动方面，ChatGPT 同样能发挥重要作用。它可以与学生进行实时互动，回答他们在学习过程中遇到的问题。这不仅能够解答学生的疑惑，还能激发他们的学习兴趣，增加课堂参与度。例如，学生在课堂上提出的问题，ChatGPT 可以立即提供详细的解释和相关资料，帮助学生更好地理解知识点。

此外，ChatGPT 还可以根据学生的提问，生成针对性的练习题和辅助材料，帮助学生巩固所学内容。这些即时生成的学习资源，不仅能提高学习效果，还能让学生感受到个性化的学习体验。

利用大型语言模型人工智能优化教案和课堂互动，不仅能提高教学效率，还能让职业教育课堂变得更加生动有趣。通过这些智能工具，教师能够更好地了解学生的需求，提供个性化的教学服务，让每一位学生都能在职业教育中找到自己的方向和动力。

2.3.1　教案设计的 AI 工具

在教案设计中，利用 AI 工具可以大大提高教师的工作效率，特别是大型语言模型人工智能，如 ChatGPT。接下来，本节将探讨如何使用 ChatGPT 帮助设计教案，并通过一些具体示例展示其应用。

2.3.1.1　快速生成教案框架

使用 ChatGPT，教师可以通过输入详细的课程内容和教学目标，快速生成一个结构合理的教案框架。例如，教师需要为"计算机基础"课程设计一份教案，可以在 ChatGPT 中输入以下需求。

（1）课程内容：计算机基础。

（2）教学目标：了解计算机的基本组成、操作系统的功能、常见办公软件的使用。

（3）教学方法：采用讲授法和演示法结合，注重实际操作和互动。

（4）特别要求：包含随堂练习、引人入胜的导入和复习环节。

通过这些详细的需求，ChatGPT 能够生成初步的教案框架。

示例：

生成一个计算机基础课程的教案框架，要求包含以下内容。

1. 引言部分要通过展示计算机的发展史视频引入话题。

2. 课程内容要涵盖计算机硬件的组成、操作系统的功能以及常见办公软件的使用。

3. 教学方法要结合讲授法和演示法，并注重实际操作和互动。
4. 每个模块后要有随堂练习。
5. 最后要有复习和总结环节，包含知识点小测验和问答环节。

ChatGPT（GPT-4o）生成的教案框架如下：

计算机基础课程教案框架

一、引言
1. **开场白**
   - 介绍课程目标和意义。
   - 激发学生学习兴趣，强调计算机基础知识的重要性。

2. **展示计算机发展史视频**
   - 播放一段简短的视频，展示计算机从早期到现代的发展历程。
   - 视频结束后，简要讨论计算机在日常生活和工作中的重要性。

二、课程内容

模块一：计算机硬件的组成
1. **讲授内容**
   - 计算机的基本组成部分：中央处理器（CPU）、内存（RAM）、硬盘（HDD/SSD）、主板、电源、输入设备（键盘、鼠标）、输出设备（显示器、打印机）等。
   - 每个部分的功能和作用。

2. **教学方法**
   - **讲授法**：通过幻灯片展示硬件图片和功能介绍。
   - **演示法**：实际展示一台拆开的计算机，介绍各个部件。

3. **随堂练习**
   - 让学生在纸上标出计算机硬件的各个部分并简要描述其功能。
   - 使用在线测验工具进行小测验。

模块二：操作系统的功能
1. **讲授内容**

- 操作系统的定义和作用。
- 常见的操作系统（Windows、MacOS、Linux）及其基本功能。
- 文件管理、任务管理和系统设置等基本操作。

2. **教学方法**
  - **讲授法**：通过幻灯片介绍操作系统的功能和特点。
  - **演示法**：现场演示不同操作系统的基本操作，尤其是 Windows 操作系统。

3. **随堂练习**
  - 在虚拟机或实际电脑上完成几个基本操作任务，如创建文件夹、安装软件等。
  - 使用在线平台进行操作系统基本知识的测验。

模块三：常见办公软件的使用
1. **讲授内容**
  - 办公软件简介：文字处理软件（Microsoft Word）、电子表格软件（Microsoft Excel）、演示文稿软件（Microsoft PowerPoint）。
  - 每种软件的基本功能和常用操作。

2. **教学方法**
  - **讲授法**：通过幻灯片介绍办公软件的主要功能。
  - **演示法**：实际操作演示各软件的基本功能，如文字排版、数据处理和制作演示文稿。

3. **随堂练习**
  - 学生在计算机上完成指定的任务，如编写一份简单的文档、制作一个数据表格或设计一页演示幻灯片。
  - 在线提交作业并进行小测验。

三、复习和总结
1. **复习**
  - 回顾各模块的主要知识点，通过问答环节加深学生的记忆。
  - 使用思维导图或表格总结课程内容。

2. **小测验**
  - 设计包含硬件知识、操作系统功能和办公软件使用的综合测验题。

> - 学生在线完成测验并即时反馈成绩。
>
> 3. **问答环节**
> - 开放时间让学生提出问题并进行讨论，解答学生在学习过程中的疑惑。
>
> #### 四、结束语
> 1. **课程总结**
> - 总结课程的重要性和实用性。
> - 鼓励学生在课后多实践，提升计算机操作技能。
>
> 2. **课后作业**
> - 指定一些课后作业，让学生在实际操作中巩固所学知识。
> - 例如，要求学生完成一份详细的计算机硬件报告或制作一个完整的演示文稿。

2.3.1.2　个性化教案调整

ChatGPT 不仅能生成初步的教案框架，还能根据教师的反馈进行个性化调整。例如，教师希望在计算机基础课程中增加对互联网应用的介绍，可以通过 ChatGPT 进行修改和补充。

示例：

> 修改上述教案框架，在第 4 部分增加"互联网应用的基础知识"模块，包括浏览器的使用和常见互联网服务介绍。

ChatGPT 修改后的教案框架可能如下：

> （前面一致此处忽略）
>
> **模块四：互联网应用的基础知识**
> 1. **讲授内容**
> - 浏览器的基本使用：打开浏览器、访问网页、使用书签、浏览器设置等。
> - 常见互联网服务介绍：电子邮件（如 Gmail）、搜索引擎（如 Google）、社交媒体（如 Facebook、Twitter）、云存储（如 Google Drive、Dropbox）等。
>
> 2. **教学方法**
> - **讲授法**：通过幻灯片介绍互联网基础知识和常见服务。

- **演示法**：实际操作展示浏览器的基本使用和常见互联网服务的功能。

3. **随堂练习**
- 让学生在浏览器中完成指定的任务，如访问特定网站、进行搜索、发送电子邮件等。
- 使用在线测验工具进行互联网基础知识的小测验。

（后面一致，此处忽略）

2.3.1.3　提供教学建议和资源

ChatGPT 还能根据课程内容提供教学建议和资源，帮助教师更好地准备课堂。例如，教师希望了解更多关于计算机硬件教学的建议和资源，可以向 ChatG-PT 提问。

示例：

你能提供一些关于计算机硬件教学的建议和资源吗？需要包含实际操作环节和学生互动活动的建议。

ChatGPT 回复可能如下：

计算机硬件教学建议和资源

一、教学建议

1. **分步讲解硬件组成部分**
- **视觉辅助**：使用高清图片、视频和动画展示每个硬件组件的结构和功能。
- **实体展示**：在课堂上展示实际的硬件组件，如 CPU、内存条、硬盘、主板等，让学生直观地了解每个部件。

2. **实际操作环节**
- **拆装电脑**：安排学生分组，提供一台旧电脑，指导他们拆卸和组装计算机，认识各个部件的实际位置和连接方法。
- **硬件安装**：让学生在老师的指导下安装和更换硬件，如增加内存、更换硬盘等，理解硬件的实际操作步骤。

3. **互动活动**

   - **小组讨论**：分组讨论不同硬件组件的作用和使用场景，增强学生对硬件功能的理解。

   - **问答环节**：在每个知识点结束后，进行快速问答，检验学生的理解程度，并及时解答疑惑。

4. **动手实践**

   - **虚拟实验**：利用虚拟实验室软件（如 Cisco Packet Tracer 或其他硬件模拟软件），让学生在虚拟环境中进行硬件操作练习。

   - **DIY 项目**：布置 DIY 计算机项目，如设计一台符合特定需求的电脑配置，锻炼学生的动手能力和实践应用。

二、推荐资源

1. **教学视频和教程**

   - **YouTube 频道**：如 Linus Tech Tips、Techquickie 等，提供关于计算机硬件的详尽视频教程。

   - **Khan Academy**：计算机科学部分有关于硬件基础的系列课程。

   - **Coursera**：提供计算机硬件相关的在线课程，可以选择适合的课程进行学习和参考。

2. **教学网站和文章**

   - **HowStuffWorks**：详细解释计算机硬件的工作原理。

   - **Tom's Hardware**：提供最新的硬件评测和使用指南。

   - **PCMag**：关于计算机硬件的评测和选购指南。

3. **互动工具和模拟软件**

   - **Cisco Packet Tracer**：用于模拟网络设备和硬件操作。

   - **PC Building Simulator**：一款虚拟电脑装机模拟游戏，可以帮助学生熟悉硬件组装的实际操作。

4. **实践项目和作业**

   - **硬件配置作业**：让学生根据特定需求，设计一套计算机硬件配置方案，并解释选择理由。

   - **硬件评测报告**：要求学生选取一种硬件（如显卡或 CPU），撰写一份详细的评测报告，分析其性能和适用场景。

- **虚拟实验**：利用虚拟实验室软件，完成指定的硬件安装和配置任务，并提交实验报告。

三、实际操作和互动活动建议

1. **硬件拆装实践**
   - 准备几台旧计算机，分组让学生实际操作拆卸和重新组装。
   - 提供详细的拆装指南和安全注意事项。

2. **小组项目**
   - 让学生分组设计一台符合特定用途（如游戏、办公、多媒体制作等）的电脑，并展示配置方案。
   - 小组间互相评审，提出改进建议，增加互动性。

3. **硬件故障排查练习**
   - 模拟常见硬件故障（如电脑无法启动、蓝屏等），让学生动手排查并解决问题。
   - 讨论每个故障的原因和解决方案，增强学生的实际问题解决能力。

4. **现场演示**
   - 教师现场演示如何更换电脑部件，如安装内存条、显卡、硬盘等。
   - 学生根据教师演示，逐步操作，掌握实际技能。

通过以上建议和资源的组合，可以让计算机硬件课程更加生动、有趣，并且提高学生的实际操作能力和互动参与度。

2.3.1.4　生成评估和反馈机制

除了教案设计，ChatGPT 还可以帮助教师设计评估和反馈机制，确保教学效果。例如，教师希望为"计算机基础"课程设计一份小测验，以评估学生的学习情况。

示例：

为"计算机基础"课程设计一份小测验，包含选择题和简答题。测验需要根据专业教师的标准，评估学生对硬件和操作系统知识的掌握程度。

ChatGPT 生成的小测验如下：

计算机基础课程小测验

部分一：选择题（每题 5 分，共计 50 分）

1. **以下哪个部件是计算机的"大脑"，负责执行所有的计算和逻辑操作？**
   - A. 主板
   - B. 内存
   - C. 中央处理器（CPU）
   - D. 硬盘

2. **RAM 的主要功能是什么？**
   - A. 存储操作系统和软件
   - B. 临时存储当前正在使用的数据和指令
   - C. 保存所有文件和数据
   - D. 处理所有输入输出操作

3. **下列哪一个是固态硬盘（SSD）相对于机械硬盘（HDD）的主要优点？**
   - A. 价格更便宜
   - B. 存储容量更大
   - C. 读写速度更快
   - D. 更加耐用

4. **操作系统的主要作用是什么？**
   - A. 运行和管理计算机的硬件和软件资源
   - B. 提供办公软件的功能
   - C. 连接互联网
   - D. 提供数据存储服务

5. **下列哪个是 Windows 操作系统的文件管理工具？**
   - A. Finder
   - B. 文件资源管理器
   - C. 控制面板
   - D. 任务管理器

6. **主板上的哪个组件负责存储 BIOS/UEFI 固件？**

- A. CMOS 电池
- B. RAM
- C. ROM 芯片
- D. 电源

7. **下列哪种设备通常不属于输入设备？**
  - A. 键盘
  - B. 显示器
  - C. 鼠标
  - D. 扫描仪

8. **在操作系统中，文件路径用来表示什么？**
  - A. 文件的内容
  - B. 文件的大小
  - C. 文件在存储设备上的位置
  - D. 文件的创建日期

9. **当计算机出现蓝屏错误时，最可能的原因是什么？**
  - A. 硬件故障或驱动程序问题
  - B. 显示器故障
  - C. 键盘故障
  - D. 电源故障

10. **以下哪个操作系统主要基于 UNIX？**
  - A. Windows
  - B. MacOS
  - C. MS-DOS
  - D. OS/2

部分二：简答题（每题 10 分，共计 50 分）

1. **简述中央处理器（CPU）的主要功能和工作原理。**

  _答:_

2. **请解释什么是操作系统，并举例说明其三个主要功能。**

_答:_

3. **描述计算机内存（RAM）与硬盘（HDD/SSD）的主要区别和各自的用途。**

_答:_

4. **你如何使用文件资源管理器来管理计算机上的文件和文件夹？请简要描述操作步骤。**

_答:_

5. **简要说明 BIOS 和 UEFI 的作用和区别。**

_答:_

评分标准

选择题：
- 每题正确答案 5 分，全部答对共计 50 分。

简答题：
- 每题 10 分，评估标准如下：
  - **中央处理器（CPU）的主要功能和工作原理**：
    - 功能描述（2 分）
    - 工作原理描述（3 分）
    - 关键术语使用（2 分）
    - 清晰表达（3 分）

  - **操作系统的定义和功能**：
    - 操作系统定义（2 分）
    - 三个主要功能（每个功能 2 分，共 6 分）
    - 举例（2 分）

  - **计算机内存与硬盘的区别和用途**：
    - 内存（RAM）描述（3 分）
    - 硬盘（HDD/SSD）描述（3 分）
    - 区别说明（2 分）

```
    - 用途说明（2 分）

  - **文件资源管理器的使用**：
  - 管理文件和文件夹的描述（4 分）
  - 操作步骤（4 分）
  - 清晰表达（2 分）

  - **BIOS 和 UEFI 的作用和区别**：
  - BIOS 描述（3 分）
  - UEFI 描述（3 分）
  - 区别说明（4 分）

满分 100 分，及格线为 60 分。教师根据评分标准严格评估，确保学生对计算
机硬件和操作系统知识的掌握程度。
```

这些示例虽然可能不完全适合在一节课中展示，但足以说明利用 ChatGPT 设计教案的作用。通过这些具体的示例，读者可以看到如何利用 ChatGPT 帮助设计教案，提高教学效率和课堂互动。借助大型语言模型人工智能，教师能够为学生提供更优质的学习体验。

2.3.1.5　注意事项

虽然 ChatCPT 能够帮助读者设计教案，但在使用过程中，教师需要逐条审查其生成的内容是否合适。具体来说，教师需要进行以下几个方面的审查和调整。

首先是事实性审查。ChatGPT 生成的内容需要逐条检查其真实性和准确性。作为教学工具，内容的科学性和准确性至关重要。例如，ChatGPT 可能会提供一些过时的信息或与实际情况不符的技术标准。在这种情况下，教师需要核实和更新这些内容，确保所有信息都是最新和准确的，从而保证教学内容的科学性和可靠性。

其次是本地化处理。ChatGPT 作为一个国外的大型语言模型，可能会推荐一些在国内难以访问的资源，或者提供有语言和文化障碍的举例。例如，它可能会推荐一些有境外网络限制的资源，或者引用一些不常见的外文资料。教师需要提供本地化的信息，替换这些不适用的资源，确保所有内容都能被学生方便地使用。此外，还要确保内容符合我国的实际情况和技术规范，保证教学内容的适用性和可操作性。

最后是思想性审查。ChatGPT 生成的内容中可能包含一些不符合我国国情的思想和观点。教师不仅要传授知识，还要育人。因此，教师需要仔细审查这些内容，确保其符合我国的课程思政要求，传递正确的价值观。例如，在讨论历史或文化时，要确保内容尊重我国的历史和文化背景，避免出现与我国社会主流价值

观不符的内容。通过这样的审查，确保学生在学习知识的同时，也能接受正确的价值观引导。

　　通过这种细致的审查和调整，教师可以充分利用 ChatGPT 的优势，同时确保教案内容准确、适用，并且符合我国的教育标准和思政要求。这不仅有助于提升教学质量，还能确保学生获得正确的知识和价值观引导。

2.3.2　增强课堂互动和参与

　　在课堂互动方面，ChatGPT 能够发挥重要作用。它可以与学生进行实时互动，回答他们在学习过程中遇到的问题。这不仅能够解答学生的疑惑，还能激发他们的学习兴趣，增加课堂参与度。例如，学生在课堂上提出的问题，ChatGPT 可以立即提供详细的解释和相关资料，帮助学生更好地理解知识点。

　　2.3.2.1　实时互动与答疑

　　ChatGPT 可以通过实时对话，与学生进行互动。当学生在课堂上遇到不理解的问题时，可以立即向 ChatGPT 提问，获得即时解答。这种互动方式不仅能及时解决学生的疑惑，还能提高他们的参与感和学习兴趣。利用 ChatGPT 的快速回复功能，教师能够当场生成有针对性的答疑材料，这在以前是很难做到的。

　　示例：

> 　　学生提问，为什么 CPU 是电脑的核心部件。
> ChatGPT 回答：CPU 是计算机的核心部件，因为它负责执行计算机程序中的所有指令。它就像是计算机的大脑，控制着计算机的所有操作。
> 教师补充：CPU 确实是计算机的重要部分，但它并不是唯一的核心部件，内存和硬盘等也非常关键。

　　2.3.2.2　生成针对性练习题和辅助材料

　　ChatGPT 还可以根据学生的提问，生成针对性的练习题和辅助材料，帮助学生巩固所学内容。这些即时生成的学习资源，不仅能提高学习效果，还能让学生感受到个性化的学习体验。通过这些功能，ChatGPT 可以在课堂中扮演"AI 助教"的角色，辅助教师进行教学。利用 ChatGPT 的快速生成功能，教师能够迅速为学生提供个性化的练习题，而在以前这需要耗费大量时间。

　　示例：

> 　　学生提问，能否提供一些练习题来帮助我理解计算机硬件的组成。
> ChatGPT 生成的练习题：
> 1. 请列出计算机的主要硬件部件，并简要说明它们的功能。
> 2. 为什么内存对于计算机的运行至关重要？
> 3. 描述硬盘和固态硬盘的区别及其各自的优缺点。

2.3.2.3　教师的参与与监督

需要强调的是，尽管 ChatGPT 在实时生成答疑材料和针对性练习方面表现出色，但教师的积极参与和监督仍然非常重要。教师需要确保 ChatGPT 提供的解答和生成的材料准确无误，适用于教学环境，并符合课程目标。如果发现 ChatGPT 的回答存在错误，教师应及时纠正并给予正确的解释。

通过这种细致的审查和调整，教师可以充分利用 ChatGPT 的优势，同时确保教案内容准确、适用，并且符合我国的教育标准和思政要求。这不仅有助于提升教学质量，还能确保学生获得正确的知识和价值观引导。

2.4　自动化评估：AI 在作业出题和学习评价中的应用

以 ChatGPT 为代表的大型语言模型人工智能在教育中的应用越来越广泛，尤其是在自动化评估领域。通过这种技术，教师可以更加高效地出题和进行学习评价，从而提升教学效率和教育质量。

在作业出题方面，ChatGPT 可以根据课程内容和教学目标，快速生成各种题目。它能够自动生成选择题、填空题和简答题，确保题目的覆盖面广泛且难度适中。这样一来，教师可以节省大量时间和精力，更多地专注于教学。

举个例子，使用 ChatGPT，教师只需输入课程主题和具体要求，几秒钟内便能生成合适的题目。例如，在讲授计算机基础课程时，教师可以让 ChatGPT 生成涵盖硬件、软件和操作系统等方面的练习题，帮助学生全面复习和巩固所学内容。

在学习评价方面，ChatGPT 可以实现自动评分和反馈，提高评估的效率和准确性。传统的评分方式往往耗时长且容易出错，而 ChatGPT 的处理速度非常快，能够迅速评估学生的作业和考试表现。同时，它还可以根据学生的表现，生成个性化的反馈意见，帮助学生更好地理解和改进自己的学习。

例如，ChatGPT 可以根据学生的作业回答，提供详细的评分标准和反馈建议。教师利用这些功能，可以快速评估大批量的学生作业，并给予每个学生具体的改进意见。这样不仅减轻了教师的工作负担，还提高了评估的公平性和准确性。

通过利用 ChatGPT 进行自动化评估，教师能够更好地管理课堂作业和考试，及时了解学生的学习进度和问题所在。这不仅有助于提高教学效率，还能为学生提供更加个性化及时的学习支持，促进他们的成长和发展。

总之，ChatGPT 在作业出题和学习评价中的应用，为教育提供了新的工具和方法。它帮助减轻了教师的负担，并提高了评估的公平性和准确性。随着这种技术的不断进步，未来的教育可能会变得更加智能和高效。

2.4.1　AI 辅助出题

利用大型语言模型人工智能进行作业出题，可以大大简化教师的工作量，提高教学效率。接下来，本节将从多个方面介绍大型语言模型人工智能如何辅助教师出题，并以 GPT-4o 为例，展示具体应用。

2.4.1.1　快速生成多样化题目

大型语言模型人工智能可以根据课程内容和教学目标，快速生成多种类型的题目，包括选择题、填空题和简答题。教师只需提供相关的主题和要求，这种智能技术便能在几秒钟内生成合适的题目。

示例：

请你帮我在课程中出一些题目。

课程主题：计算机基础

题目类型：选择题

要求：题目涵盖硬件、软件和操作系统。同时也要给出参考答案和解释。

生成的题目：

好的，我将为计算机基础课程设计一些选择题，涵盖硬件、软件和操作系统。每个题目都会附带参考答案和解释。

硬件部分

1. **计算机的中央处理器（CPU）主要负责什么？**
   - A. 存储数据
   - B. 处理和执行指令
   - C. 显示图像
   - D. 控制输入设备
   - **参考答案：B**
   - **解释：** CPU（中央处理器）是计算机的核心部件，负责处理和执行各种计算机指令。

2. **下列哪种设备是输入设备？**
   - A. 打印机
   - B. 显示器
   - C. 键盘

- D. 扬声器
- **参考答案：C**
- **解释：**键盘是输入设备，用于向计算机输入数据和指令。

3. **计算机的存储器主要分为哪两类？**
 - A. 内存和外存
 - B. 硬盘和光驱
 - C. USB 和 SSD
 - D. 鼠标和键盘
 - **参考答案：A**
 - **解释：**存储器主要分为内存（RAM）和外存（如硬盘、SSD 等）。

软件部分

4. **操作系统属于哪一类软件？**
 - A. 应用软件
 - B. 系统软件
 - C. 编程软件
 - D. 游戏软件
 - **参考答案：B**
 - **解释：**操作系统是系统软件，管理计算机硬件和软件资源，为用户和应用程序提供服务。

5. **下列哪一个是开源操作系统？**
 - A. Windows
 - B. macOS
 - C. Linux
 - D. iOS
 - **参考答案：C**
 - **解释：**Linux 是开源操作系统，其源代码公开，允许用户自由使用、修改和分发。

6. **软件的安装通常需要什么权限？**
 - A. 访客权限
 - B. 用户权限

- C. 管理员权限
- D. 外部权限
- **参考答案：C**
- **解释：** 安装软件通常需要管理员权限，以便对系统进行必要的更改和配置。

操作系统部分

7. **哪一种文件系统格式常用于 Windows 操作系统？**
   - A. ext4
   - B. NTFS
   - C. HFS+
   - D. FAT32
   - **参考答案：B**
   - **解释：** NTFS 是 Windows 操作系统常用的文件系统格式，支持大文件和安全功能。

8. **在 Windows 操作系统中，快捷键 Ctrl + C 的功能是什么？**
   - A. 复制
   - B. 粘贴
   - C. 剪切
   - D. 撤销
   - **参考答案：A**
   - **解释：** Ctrl + C 是复制选中内容的快捷键。

9. **在 UNIX/Linux 操作系统中，哪个命令用于显示当前目录的内容？**
   - A. cd
   - B. ls
   - C. pwd
   - D. mkdir
   - **参考答案：B**
   - **解释：** ls 命令用于显示当前目录的内容。

10. **虚拟内存的作用是什么？**
    - A. 增强图形处理能力
    - B. 提供额外的物理内存

- C. 提高硬盘的读取速度
- D. 扩展系统的内存容量
- **参考答案：D**
- **解释：** 虚拟内存通过使用硬盘空间扩展系统的内存容量，从而提高系统的运行效率和稳定性。

希望这些题目能够帮助到您的课程设计。如果需要更多题目或其他类型的题目，请随时告诉我。

除了选择题，大型语言模型人工智能还可以生成填空题，帮助学生更深入地理解课程内容。通过输入具体的知识点和要求迅速生成相应的题目。

示例：

请你帮我在课程中出一些题目。
课程主题：计算机基础
题目类型：填空题和简答题
要求：题目涵盖计算机硬件组成。要有参考答案。

生成的题目：

好的，以下是一些关于计算机基础的填空题和简答题，涵盖计算机硬件组成，并附有参考答案。

填空题

1. **计算机的中央处理器（CPU）通常由_____和_____组成。**
   - **参考答案：** 运算器、控制器
   - **解释：** CPU 主要由运算器和控制器组成，运算器负责执行计算操作，控制器负责指挥协调各部件工作。

2. **_____是计算机存储数据的主要设备，常见的类型包括 HDD 和 SSD。**
   - **参考答案：** 硬盘
   - **解释：** 硬盘是计算机存储数据的主要设备，HDD（机械硬盘）和 SSD（固态硬盘）是常见的类型。

3. **计算机的内存（RAM）用于＿＿＿＿数据和程序，以便CPU快速访问。**
  - **参考答案：** 暂时存储
  - **解释：** 内存用于暂时存储数据和程序，使得CPU能够快速访问和处理。

4. **显卡（GPU）的主要功能是处理＿＿＿＿相关的任务。**
  - **参考答案：** 图形
  - **解释：** 显卡主要负责处理图形相关的任务，提升图像和视频的处理性能。

5. **计算机的主板上通常包括CPU插槽、内存插槽和＿＿＿＿等接口。**
  - **参考答案：** 扩展卡插槽
  - **解释：** 主板上包括CPU插槽、内存插槽和扩展卡插槽，用于安装和连接各种硬件组件。

简答题

1. **请简述计算机的基本硬件组成部分及其功能。**
  - **参考答案：**
    - **中央处理器（CPU）：** 负责执行计算和控制任务，是计算机的核心部件。
    - **内存（RAM）：** 用于暂时存储数据和程序，提供快速访问速度。
    - **硬盘（HDD/SSD）：** 用于长期存储数据和程序，容量大，速度较慢。
    - **显卡（GPU）：** 负责图形处理，提升图像和视频处理性能。
    - **主板：** 连接和协调计算机各硬件组件的工作，提供各种接口。
    - **电源：** 为计算机提供稳定的电力供应。
    - **输入设备（如键盘、鼠标）：** 用于向计算机输入数据和指令。
    - **输出设备（如显示器、打印机）：** 用于输出计算机处理结果。

2. **解释为什么内存（RAM）对计算机的性能有重要影响。**
  - **参考答案：**
    - 内存（RAM）对计算机性能的重要影响体现在以下几个方面：
      - **访问速度快：** 内存的数据读取和写入速度比硬盘快得多，因此可以加速数据处理过程。

　　　- **多任务处理：** 足够的内存容量可以支持多个程序同时运行，提高系统的多任务处理能力。

　　　- **缓存数据：** 内存可以缓存常用数据，减少 CPU 等待时间，提高整体运行效率。

　　- 因此，内存的容量和速度直接影响计算机的响应速度和处理能力。

3. **什么是主板，主板上通常有哪些关键组件？**

　　- **参考答案：**

　　- 主板是计算机的核心电路板，连接和协调所有硬件组件的工作。主板上通常包括以下关键组件：

　　　- **CPU 插槽：** 用于安装中央处理器。

　　　- **内存插槽：** 用于安装内存条（RAM）。

　　　- **扩展卡插槽：** 如 PCIe 插槽，用于安装显卡、声卡等扩展卡。

　　　- **存储接口：** 如 SATA 接口，用于连接硬盘和 SSD。

　　　- **电源接口：** 用于连接电源供应。

　　　- **输入/输出接口：** 如 USB、HDMI 等，用于连接外部设备。

这些题目和答案希望能帮助到您的课程设计。如果需要更多题目或其他类型的题目，请随时告诉我。

2.4.1.2　生成特定格式的题目

　　为了更好地适应实际教学需求，ChatGPT 也可以根据超星学习通等平台的格式要求生成题目，简化教师的工作流程。

　　示例：

　　　请你帮我在课程中出一些题目。

课程主题：计算机基础

题目类型：选择题

要求：题目涵盖硬件、软件和操作系统。同时也要给出参考答案和解释。并且要符合超星学习通题目导入的具体要求。

1. 题号：最好有题号，题号用数字表示，如"1.""2.""3."。如无题号需在题目与题目之间增加空行。

2. 题型：支持导入单选题、多选题、填空题、判断题、简答题、阅读理解、完形填空题型，若要导入其他题型请用【题型名称】如【名词解释】【计算题】在题干前标注不同的题型，否则会识别为简答题。

3. 答案：可在题干或题干+选项下方另起一行用"答案："、"参考答案："标出。答案必须用括号标明。

4. 难度和知识点：用"难度："标出可选"难""中""易"；用"知识点"标出支持多个知识点，用分号；隔开。

生成的题目：

好的，我将根据超星学习通的题目导入要求设计一些选择题，涵盖计算机基础的硬件、软件和操作系统，并提供参考答案和解释。

选择题

1. **计算机的中央处理器（CPU）主要负责什么？**
   - A. 存储数据
   - B. 处理和执行指令
   - C. 显示图像
   - D. 控制输入设备

参考答案：（B）

难度：易

知识点：硬件；中央处理器

2. **下列哪种设备是输入设备？**
   - A. 打印机
   - B. 显示器
   - C. 键盘
   - D. 扬声器

参考答案：（C）

难度：易

知识点：硬件；输入设备

3. **计算机的存储器主要分为哪两类？**
   - A. 内存和外存

- B. 硬盘和光驱
- C. USB 和 SSD
- D. 鼠标和键盘

参考答案：（A）

难度：中

知识点：硬件；存储器

4. **操作系统属于哪一类软件？**
   - A. 应用软件
   - B. 系统软件
   - C. 编程软件
   - D. 游戏软件

参考答案：（B）

难度：易

知识点：软件；操作系统

5. **下列哪一个是开源操作系统？**
   - A. Windows
   - B. macOS
   - C. Linux
   - D. iOS

参考答案：（C）

难度：中

知识点：软件；开源操作系统

6. **软件的安装通常需要什么权限？**
   - A. 访客权限
   - B. 用户权限
   - C. 管理员权限

- D. 外部权限

参考答案：（C）

难度：中

知识点：软件；权限管理

7. **哪一种文件系统格式常用于 Windows 操作系统？**
   - A. ext4
   - B. NTFS
   - C. HFS+
   - D. FAT32

参考答案：（B）

难度：中

知识点：操作系统；文件系统

8. **在 Windows 操作系统中，快捷键 Ctrl + C 的功能是什么？**
   - A. 复制
   - B. 粘贴
   - C. 剪切
   - D. 撤销

参考答案：（A）

难度：易

知识点：操作系统；快捷键

9. **在 UNIX/Linux 操作系统中，哪个命令用于显示当前目录的内容？**
   - A. cd
   - B. ls
   - C. pwd
   - D. mkdir

参考答案：（B）

难度：中

知识点：操作系统；UNIX/Linux 命令

10. **虚拟内存的作用是什么？**
 - A. 增强图形处理能力
 - B. 提供额外的物理内存
 - C. 提高硬盘的读取速度
 - D. 扩展系统的内存容量

参考答案：（D）

难度：中

知识点：操作系统；虚拟内存

这些题目和答案希望能帮助到您的课程设计。如果需要更多题目或其他类型的题目，请随时告诉我。

2.4.1.3　个性化出题建议

大型语言模型人工智能还可以根据学生的学习情况，提供个性化的出题建议。通过分析学生的学习数据，智能技术能够识别学生的知识盲点，生成有针对性的练习题，帮助学生巩固薄弱环节。

示例：

学生张×。
学习情况：操作系统部分掌握较好，但硬件部分存在薄弱环节，请你帮我在课程中出一些题目。

生成的个性化题目：

好的，为了帮助张×巩固硬件部分的知识，我将设计一些针对硬件部分的选择题。这些题目将涵盖硬件的关键概念和部件，并附有参考答案和解释。

选择题

1. **计算机的中央处理器（CPU）主要由哪两个部分组成？**

- A. 控制单元和内存单元
- B. 运算器和控制器
- C. 寄存器和硬盘
- D. 显卡和声卡

参考答案：（B）

难度：中

知识点：硬件；中央处理器

2. **计算机的内存（RAM）主要用于什么？**
   - A. 长期存储数据
   - B. 处理图形渲染
   - C. 暂时存储数据和程序
   - D. 控制外围设备

参考答案：（C）

难度：中

知识点：硬件；内存

3. **下列哪种存储设备具有最快的读写速度？**
   - A. HDD
   - B. SSD
   - C. 光盘
   - D. USB 闪存

参考答案：（B）

难度：中

知识点：硬件；存储设备

4. **显卡（GPU）主要用于处理哪类任务？**
   - A. 网络连接
   - B. 数据存储
   - C. 图形处理

- D. 输入输出控制

参考答案：（C）

难度：易

知识点：硬件；显卡

5. **计算机电源的主要功能是什么？**
   - A. 存储数据
   - B. 提供电力
   - C. 处理指令
   - D. 显示图像

参考答案：（B）

难度：易

知识点：硬件；电源

6. **在计算机系统中，主板的作用是什么？**
   - A. 存储操作系统
   - B. 提供电力
   - C. 连接和协调各硬件组件
   - D. 处理数据和指令

参考答案：（C）

难度：中

知识点：硬件；主板

7. **下列哪一项是 CPU 的主要性能指标？**
   - A. 存储容量
   - B. 时钟速度
   - C. 屏幕分辨率
   - D. 电源功率

参考答案：（B）

难度：中

知识点：硬件；CPU 性能

8. **固态硬盘（SSD）相比机械硬盘（HDD）的主要优势是什么？**
   - A. 容量更大
   - B. 成本更低
   - C. 读写速度更快
   - D. 兼容性更好

参考答案：（C）

难度：中

知识点：硬件；存储设备

9. **在计算机硬件中，哪一部分负责将电源的交流电转换为计算机能够使用的直流电？**
   - A. 电源单元（PSU）
   - B. 主板
   - C. 内存
   - D. CPU

参考答案：（A）

难度：中

知识点：硬件；电源

10. **BIOS 的主要作用是什么？**
   - A. 提供用户界面
   - B. 管理存储设备
   - C. 初始化和测试硬件
   - D. 处理图形渲染

参考答案：（C）

> 难度：中
>
> 知识点：硬件；BIOS
>
> 这些题目旨在帮助张×巩固对硬件部分的理解。如果需要更多题目或其他类型的题目，请随时告诉我。

通过这些功能，大型语言模型人工智能不仅能够大大减轻教师的出题负担，还能提供更加个性化和高效的教学支持。利用这种技术进行辅助出题，不仅提高了教学效率，还能帮助学生更好地掌握课程内容。不过，教师仍然需要仔细审查每道题目，确保内容准确无误，避免可能的错误和不适用的情况。

2.4.2　自动评分和反馈

利用大型语言模型人工智能进行自动评分和反馈，可以大大提高评估效率和准确性。与以往只有选择题能够自动批改的情况不同，现在简答题和填空题也可以使用机器来批改。这种技术可以自动对比标准答案和学生答案的区别，并生成针对性的反馈。

2.4.2.1　快速准确的自动评分

大型语言模型人工智能具备更强的语言处理能力，能够处理简答题和填空题等复杂题目。通过这种方式，教师可以快速评估大批量的学生作业，不仅节省时间，还能确保评分的一致性和准确性。如果答题或学习平台能使用 API 接口对接大型语言模型来处理答案，就能进一步自动化处理。此处是用 ChatGPT 网页版来演示这项能力。

询问 GPT-4o：

> 请你根据题目和评分标准，来判断学生答案应该得几分，并指出错误点。
> 题目：任何时候我们党都必须坚持哪三个一致性？
> 评分标准：答案应包括三个主要一致性：尊重社会发展规律与尊重人民历史主体地位的一致性，坚持为崇高理想奋斗与为最广大人民谋利益的一致性，坚持完成党的各项工作与实现人民利益的一致性。
> 学生答案：尊重社会发展规律与尊重人民历史主体地位的一致性，为崇高理想奋斗与为最广大人民谋利益的一致性，完成党的各项工作与实现人民利益的一致性。

自动评分结果：

根据评分标准，学生答案应包括三个主要一致性。

1. 尊重社会发展规律与尊重人民历史主体地位的一致性
2. 坚持为崇高理想奋斗与为最广大人民谋利益的一致性
3. 坚持完成党的各项工作与实现人民利益的一致性

学生的答案为：

1. 尊重社会发展规律与尊重人民历史主体地位的一致性
2. 为崇高理想奋斗与为最广大人民谋利益的一致性
3. 完成党的各项工作与实现人民利益的一致性

虽然学生的答案与评分标准中的描述略有差异，但基本涵盖了主要内容。因此，根据评分标准，学生答案应得满分。以下是具体的评分和说明：

评分：满分

说明：
- 学生答案的第一个一致性完全正确，与标准答案一致。
- 第二个一致性中，虽然缺少"坚持"一词，但总体意思是正确的。
- 第三个一致性中，同样缺少"坚持"一词，但总体意思正确。

虽然在细节上有些小缺漏，但并不影响整体内容的准确性，因此应得满分。

2.4.2.2 个性化反馈建议

大型语言模型人工智能还可以根据学生的作业表现，生成个性化的反馈意见，帮助学生更好地理解和改进自己的学习。这种个性化反馈能够针对每个学生的具体问题，提供有针对性的建议。

询问 GPT-4o：

请你根据题目和评分标准，来判断学生答案应该得几分，并指出错误点。
题目：为什么要提高群众工作本领？
标准答案：第一保持党与群众的血肉联系巩固党的执政地位必须提高群众工作本领；第二正确处理社会转型期日益突出的社会矛盾保持社会稳定必须提高群众工作本领；第三充分依靠群众解决发展中出现的新情况新问题必须提高群众工作本领。
学生答案：保持党与群众的血肉联系巩固党的执政地位必须提高群众工作本领，处理社会转型期的矛盾保持社会稳定，依靠群众解决发展中的新问题。

反馈意见：

　　根据题目和评分标准，学生答案应包括三个主要原因。

1. 保持党与群众的血肉联系巩固党的执政地位必须提高群众工作本领。
2. 正确处理社会转型期日益突出的社会矛盾保持社会稳定必须提高群众工作本领。
3. 充分依靠群众解决发展中出现的新情况新问题必须提高群众工作本领。

学生的答案为：

1. 保持党与群众的血肉联系巩固党的执政地位必须提高群众工作本领
2. 处理社会转型期的矛盾保持社会稳定
3. 依靠群众解决发展中的新问题

根据评分标准，学生的答案存在以下错误和不足之处：

1. **第二点内容不完整**：学生答案"处理社会转型期的矛盾保持社会稳定"缺少了"日益突出的社会矛盾"和"必须提高群众工作本领"两个关键部分，导致论点不完整。
2. **第三点内容不完整**：学生答案"依靠群众解决发展中的新问题"缺少了"充分"和"新情况"两个关键部分，以及"必须提高群众工作本领"，导致论点不完整。

评分：6分（总分10分）

扣分说明：
- 第二点内容不完整，缺少"日益突出的社会矛盾"和"必须提高群众工作本领"部分，扣2分。
- 第三点内容不完整，缺少"充分""新情况"和"必须提高群众工作本领"部分，扣2分。

尽管学生答案大致表达了主要意思，但由于关键部分的缺失，无法完全达到评分标准的要求，因此得6分。

　　通过利用大型语言模型人工智能进行自动评分和反馈，教师能够更好地管理和评估学生的学习进度。这不仅有助于提高教学效率，还能为学生提供更加个性化和及时的学习支持，促进他们的成长和发展。同时，教师仍然需要仔细审查自

动生成的评分和反馈，确保其准确无误。要真正实现这一功能的实用化，还需要超星等平台与大型语言模型技术相结合，通过调用大型语言模型的API来实现简答题的自动化批改。

2.5 课程开发加速：AI助力课程设计与更新

在职业教育中，课程的设计与更新是确保教学质量和学生技能提升的重要环节。随着技术的进步，大型语言模型人工智能成为加速课程开发的一大利器。在课程结构规划方面，大型语言模型人工智能能够帮助教师和课程开发者快速制定科学合理的课程框架，涵盖各个关键知识点和技能要求。这不仅提高了课程设计的效率，还确保课程内容的系统性和全面性。

教师可以使用大型语言模型人工智能，根据职业教育的具体需求，快速生成课程大纲，包括每个模块的教学目标、内容和评估方式。这样，教师可以更有条理地开展教学活动，学生也能清晰了解每个学习阶段的重点和难点。

为了保持课程内容的前沿性，教师可以利用大型语言模型人工智能及时更新课程内容。当某一行业出现新技术或新方法时，教师只需输入相关信息，人工智能便能根据这些新信息调整课程内容，帮助学生掌握最新的职业技能。这种方式确保教学内容与时俱进，满足不断变化的职业教育需求。

通过这种方式，职业教育不仅能保持课程内容的前沿性，还能为学生提供更加实用和贴近实际的学习体验。教师在进行课程更新时，可以利用大型语言模型人工智能提供的建议，减少重复性劳动，更专注于课程内容的优化和教学质量的提升。

2.5.1 课程结构规划

在职业教育中，科学合理的课程结构规划是确保教学效果的关键。大型语言模型人工智能可以在这方面提供强有力的支持，帮助教师和课程开发者高效地设计课程框架，涵盖所有关键知识点和技能要求。

2.5.1.1 初步课程框架生成

首先，教师可以通过输入课程目标和教学大纲，利用大型语言模型人工智能快速生成初步的课程结构。这一过程中，教师可以根据职业教育的实际需求，提供具体的课程内容和教学目标，人工智能会根据这些输入生成系统化的课程框架。

询问GPT-4：

请你帮我规划课程"Linux 管理与维护"应该上一些什么内容，这个课程是大二上学期上的，一共有 54 个课时，学生在这之前只有接触过 Windows，我希望用 ubuntu 来上课，并且让学生知道怎么在 Windows 的环境下，怎么通过虚拟机（hyper-v/vmware/virtualbox 等方式）来使用 Linux，以及怎么通过云服务商租用主机来使用 Linux。要教会基本的安全使用知识（免密登录/安全加固等），基本的使用方法（软件安装，编辑器，上传下载文件，维护系统等），学生的基础比较差，是高职物联网专业，但也学过 C 语言和 java 语言的开发（都是 Windows 下）。

GPT-4 回答：

课程规划：Linux 管理与维护

总体课程安排
- **课时**：54 课时（每课时 45 分钟）
- **学期**：大二上学期
- **学生背景**：物联网专业，接触过 Windows 操作系统，学过 C 语言和 Java 语言的开发
- **教学平台**：Ubuntu

课程目标
1. 掌握 Linux 基本操作
2. 能够在 Windows 环境下通过虚拟机使用 Linux
3. 了解通过云服务商租用 Linux 主机的方法
4. 掌握基本的 Linux 安全使用知识
5. 能够进行软件安装、文件编辑、文件上传下载、系统维护等基本操作

详细课程内容

第一部分：Linux 基础知识（6 课时）
1. **Linux 简介及历史**
   - Linux 的起源和发展
   - 各种 Linux 发行版简介（重点讲解 Ubuntu）

2. **Linux 的优势与应用**
   - Linux 在服务器、嵌入式系统、开发环境中的应用

第二部分：安装与配置（12 课时）
1. ** 在 Windows 环境下使用 Linux **
    - 虚拟机简介（Hyper-V、VMware、VirtualBox）
    - 在虚拟机中安装 Ubuntu
    - 基本配置与网络设置

2. **通过云服务商使用 Linux **
    - 云服务简介（阿里云、腾讯云、华为云等）
    - 租用云主机并安装 Ubuntu
    - 基本配置与网络设置

第三部分：基本操作与命令（12 课时）
1. **命令行基础**
    - 终端与 Shell 简介
    - 基本命令（ls、cd、cp、mv、rm、mkdir 等）
    - 文件权限与管理（chmod、chown）

2. **文本编辑**
    - 常用编辑器简介（nano、vim）
    - 使用 nano 和 vim 进行文本编辑

3. **软件安装与管理**
    - 包管理工具简介（apt、snap）
    - 安装、卸载和更新软件

第四部分：系统维护与管理（12 课时）
1. **用户与组管理**
    - 用户和组的概念
    - 用户添加、删除和权限设置

2. **文件系统与磁盘管理**
    - 文件系统结构
    - 磁盘分区与管理工具（fdisk、parted）

3. **系统监控与性能调优**
    - 常用系统监控工具（top、htop、df、du）

- 性能调优基础

第五部分：网络与安全（12 课时）
1. **基本网络配置**
   - 网络接口配置（ifconfig、ip）
   - 网络诊断工具（ping、netstat、traceroute）

2. **远程访问**
   - SSH 简介与配置
   - 免密登录设置

3. **系统安全**
   - 基本安全加固措施
   - 防火墙配置（ufw）
   - 安全日志与监控

实验与项目（6 课时）
1. **综合实验**
   - 安装与配置虚拟机 Linux 系统
   - 租用并配置云主机

2. **小型项目**
   - 实现一个简单的文件共享服务器
   - 安全加固与性能优化

教学方法
- **理论讲解**：以实际案例为导向，结合 PPT 和板书
- **实践操作**：每节课安排实操环节，学生动手练习
- **项目驱动**：通过小项目和实验加强学生的动手能力
- **互动教学**：采用问答、讨论等方式提高学生参与度

教学资源
- **课件**：PPT、讲义
- **参考资料**：在线教程、书籍、官方文档
- **实验环境**：虚拟机、云主机

评价方式

- **平时成绩**（50%）：课堂参与、实验报告、小项目
- **期末考试**（50%）：理论考试与实际操作相结合

希望这个课程计划能够帮助学生顺利掌握 Linux 操作系统的管理与维护技能。

2.5.1.2 框架调整与优化

生成初步课程框架后，教师一定要根据具体情况进行调整和优化，确保课程内容没有事实性、思想性、政治性的错误，并且要符合国情。

询问 GPT-4：

注意，要注重实践和理论相结合，尤其是实践的比例要更大。并且你要使用更为简单的工具，比如 nano 和 vim 都太难了，不如教会其用 vscode 远程连接并编辑，或者用 winscp 远程编辑某个文件。并且，在中国大陆的教育网络环境下，应该配置软件更新源为国内的教育网源（比如中科大源/清华源），总之，要尽可能地结合实际（中国大陆的实际）。不要有纯理论的部分，比如："第一部分：Linux 基础知识（6 课时）
Linux 简介及历史

Linux 的起源和发展
各种 Linux 发行版简介（重点讲解 Ubuntu）
Linux 的优势与应用

Linux 在服务器、嵌入式系统、开发环境中的应用"这部分是纯理论的，这样不合适，一定都要有实践才有助于高职学生的理解。

GPT-4 回答：

课程规划：Linux 管理与维护

总体课程安排
- **课时**：54 课时（每课时 45 分钟）
- **学期**：大二上学期
- **学生背景**：物联网专业，接触过 Windows 操作系统，学过 C 语言和 Java 语言的开发
- **教学平台**：Ubuntu

课程目标
1. 掌握 Linux 基本操作

2. 能够在 Windows 环境下通过虚拟机使用 Linux

3. 了解通过云服务商租用 Linux 主机的方法

4. 掌握基本的 Linux 安全使用知识

5. 能够进行软件安装、文件编辑、文件上传下载、系统维护等基本操作

详细课程内容

第一部分：Linux 基础操作（10 课时）

1. **Linux 简介与安装**
   - 实践：下载并安装 Ubuntu 虚拟机
   - 实践：配置虚拟机网络

2. **基本命令与文件管理**
   - 实践：使用基本命令（ls、cd、cp、mv、rm、mkdir）
   - 实践：管理文件权限（chmod、chown）

第二部分：远程连接与编辑（10 课时）

1. **远程连接**
   - 实践：使用 SSH 连接到远程 Linux 主机
   - 实践：设置免密登录

2. **文件编辑**
   - 实践：使用 VSCode 远程连接并编辑文件
   - 实践：使用 WinSCP 进行文件传输与编辑

第三部分：软件安装与管理（10 课时）

1. **包管理基础**
   - 实践：使用 apt 安装软件
   - 实践：配置国内教育网源（中科大源、清华源）
   - 实践：管理软件更新与卸载

2. **常用软件安装**
   - 实践：安装和配置常用开发工具（如 Git、Node. js 等）

第四部分：系统维护与管理（12 课时）

1. **用户与组管理**

- 实践：添加、删除用户与组
- 实践：设置用户权限

2. **系统监控与性能优化**
   - 实践：使用top、htop监控系统
   - 实践：优化系统性能

3. **文件系统与磁盘管理**
   - 实践：管理磁盘分区（fdisk、parted）
   - 实践：挂载和管理文件系统

第五部分：网络与安全（12课时）
1. **网络配置**
   - 实践：配置网络接口（ifconfig、ip）
   - 实践：使用ping、netstat进行网络诊断

2. **系统安全**
   - 实践：配置防火墙（ufw）
   - 实践：查看与分析系统日志

3. **安全加固**
   - 实践：实施基本安全加固措施

实验与项目（10课时）
1. **综合实验**
   - 实践：完成从安装到配置的完整过程
   - 实践：部署一个简单的Web服务器

2. **项目实践**
   - 实践：搭建一个文件共享服务器
   - 实践：进行系统安全加固与性能优化

教学方法
- **理论结合实践**：每节课都包含理论讲解与实践操作相结合
- **动手练习**：实践环节占较大比例，学生动手操作
- **项目驱动**：通过小项目和综合实验加强学生的动手能力

- **互动教学**：采用问答、讨论等方式提高学生参与度

教学资源
- **课件**：PPT、讲义
- **参考资料**：在线教程、书籍、官方文档
- **实验环境**：虚拟机、云主机

评价方式
- **平时成绩**（50%）：课堂参与、实验报告、小项目
- **期末考试**（50%）：理论考试与实际操作相结合

这样设计的课程更注重实践操作，有助于学生在实际应用中掌握 Linux 管理与维护的技能。

　　教师可以根据具体需求进一步调整课程框架，确保所有内容符合教学大纲和法规要求，也要符合学生的实际水平。如果需要，还可以继续对话请求人工智能进一步修改课程框架，直到满意为止。这种互动方式可以帮助教师不断优化课程设计，确保课程内容更贴合学生的实际需求。

　　通过利用大型语言模型人工智能进行课程结构规划，教师可以更高效地设计出科学合理的课程框架，既保证课程内容的系统性和全面性，又能灵活应对不断变化的职业教育需求。这不仅提高了课程设计的效率，还能为学生提供更适合他们水平的学习体验。

2.5.2　AI 辅助的课程内容更新

　　在职业教育中，课程内容的更新是确保教学内容始终保持前沿性和实用性的关键。大型语言模型人工智能能够帮助教师和课程开发者高效地更新课程内容，使之与最新的行业动态和技术发展保持同步。以下是几个方面的具体应用。

　　2.5.2.1　快速获取最新行业信息

　　大型语言模型人工智能能够帮助教师快速获取最新的行业信息和技术发展，从而及时更新课程内容。有的大型语言模型能结合搜索功能来获取最新信息并进行总结。在这方面，GPT-4 和国内的通义都有不错的搜索和总结结果。教师需要查看原文，确保没有事实错误，再将信息应用到课程更新中。

　　询问 GPT-4：

　　请提供最新的计算机硬件技术发展信息，包括最新的 CPU 和内存技术。

　　GPT-4 回答：

最新的计算机硬件技术发展

CPU 技术

Intel：
- **14 代酷睿处理器**：新一代处理器支持最高 5.8 GHz 的涡轮频率，比前几代多线程性能提升了 37%。这些处理器支持 192 GB 的 DDR5-5600/DDR4-3200 内存，兼容 Intel 600 和 700 系列主板。这些处理器旨在提升游戏和创意工作负载的性能，并支持各种垂直市场的 AI 和计算密集型任务【8+source】。
- **Arrow Lake 和 Lunar Lake**：Intel 将在 2024 年推出的这两款处理器大大提升了 GPU 和 NPU 的 AI 性能，采用 on-package LPDDR5X 设计，提供低延迟和节能优势，非常适合笔记本电脑设计【6+source】。

AMD：
- **Ryzen 8000G 系列**：这些处理器包括 Ryzen 7 8700G、Ryzen 5 8600G 等，配备 6~8 个核心，支持 AMD EXPO 技术，提升内存频率和高级时序，适用于游戏和创意工作负载。该系列处理器还集成了 Ryzen AI NPU，增强了 AI 处理能力【7+source】。

内存技术

DDR5 内存：
- **高频率与大容量**：目前市场上最先进的 DDR5 内存模块，如三星的 HBM3E，提供高达 60GB/s 的带宽，适用于高性能计算和 AI 应用。【10+source】。

CXL（Compute Express Link）技术：
- **CXL 内存模块**：三星推出的 CXL 内存模块 Box（CMM-B）能够容纳多达 2TB 的内存容量，具有高达 60GB/s 的带宽和 596ns 的延迟。CXL 技术使得内存池化和分解架构成为可能，提高了数据中心的灵活性和效率。【10+source】。

新型相变存储器：
- **NbTe4 相变存储器**：这是一种新型相变存储材料，具有优异的热稳定性和快速切换性能，适用于高温环境，如汽车工业。它的操作能耗显著降低，数据保持温度可达 135 ℃【11+source】。

通过这些最新的硬件技术进展，计算机的处理能力和内存性能都得到了显著提升，满足了现代高性能计算、AI 应用和数据密集型任务的需求。

询问 GPT-4：

请你给我 vue 框架的最新特性。

GPT-4 回答：

最新的 Vue.js 特性

1. Vue Vapor Mode
Vue.js 即将推出的 Vapor Mode 是一个令人兴奋的新特性，旨在通过移除虚拟 DOM 来提升性能，同时保持当前的 script setup 语法和组合 API。这个特性将作为可选项，可以在组件或应用程序级别启用【17+source】【18+source】。

2. Vue 3.4 版本更新
Vue 3.4 版本（代号 " Slam Dunk" ）带来了一些重要的内部改进，包括：
- **更快的模板解析器**：新的解析器使用状态机标记器，使得模板解析速度提升两倍。
- **改进的响应系统**：优化了计算属性的重新计算效率，减少了不必要的组件重新渲染。
- **'defineModel' 稳定版**：简化了支持'v-model'的组件实现，现在也更好地支持'v-model'修饰符。
- **'v-bind' 同名简写**：可以简写绑定属性，例如 '<img: id: src: alt>'【19+source】【20+source】。

3. 性能改进
Vue.js 持续专注于性能改进。例如，Vue 的构建工具 Vite 现在得到了一个用 Rust 编写的 Rollup 端口（Rolldown），这将进一步加快构建速度。此外，Vue.js 核心库的性能也在不断提升，例如通过懒加载选项优化 'defineAsync-Component'【18+source】。

4. 新特性和固化特性
Vue.js 计划在 2024 年稳定以下实验性特性：
- **条件属性**：为组件提供更灵活和表达性更强的 TypeScript 支持。

- **Vue Router 数据加载器**：简化数据获取和路由【18+source】【19+source】。

5. Vue 2 终止支持
2024 年标志着 Vue 2 的生命周期结束，鼓励开发者升级到 Vue 3，以利用更先进的功能和性能改进【18+source】。

这些新特性和改进显示了 Vue. js 社区的不断进步和对开发者体验的关注，使其在现代前端开发中保持竞争力和创新力。

2.5.2.2 更新课程模块和内容

根据最新的行业信息，教师可以利用大型语言模型人工智能快速更新课程模块和内容，确保学生学习到最新的知识和技能。另外，根据最新的国家思政要求，教师可以更新课程内容，确保学生不仅掌握专业知识，还能树立正确的思想观念。

询问 GPT-4：

请你更新"Linux 管理与维护"的内容，加入信创操作系统，比如麒麟的内容，并以此为例来讲课程思政。

GPT-4 回答：

课程规划：Linux 管理与维护

总体课程安排
- **课时**：54 课时（每课时 45 分钟）
- **学期**：大二上学期
- **学生背景**：物联网专业，接触过 Windows 操作系统，学过 C 语言和 Java 语言的开发
- **教学平台**：Ubuntu 和麒麟操作系统

课程目标
1. 掌握 Linux 基本操作
2. 能够在 Windows 环境下通过虚拟机使用 Linux
3. 了解通过云服务商租用 Linux 主机的方法
4. 掌握基本的 Linux 安全使用知识
5. 能够进行软件安装、文件编辑、文件上传下载、系统维护等基本操作

6. 理解信创操作系统的重要性，增强学生的民族自豪感和责任感

详细课程内容

第一部分：Linux 基础操作（10 课时）
1. **Linux 简介与安装**
   - 实践：下载并安装 Ubuntu 和麒麟操作系统虚拟机
   - 实践：配置虚拟机网络
   - 思政：介绍信创操作系统的意义和发展历史，激发学生的民族自豪感

2. **基本命令与文件管理**
   - 实践：使用基本命令（ls、cd、cp、mv、rm、mkdir）
   - 实践：管理文件权限（chmod、chown）
   - 思政：讲解国内操作系统的发展，强调自主创新的重要性

第二部分：远程连接与编辑（10 课时）
1. **远程连接**
   - 实践：使用 SSH 连接到远程 Linux 主机
   - 实践：设置免密登录

2. **文件编辑**
   - 实践：使用 VSCode 远程连接并编辑文件
   - 实践：使用 WinSCP 进行文件传输与编辑
   - 思政：强调自主研发工具的重要性，并介绍国内相关软件的发展

第三部分：软件安装与管理（10 课时）
1. **包管理基础**
   - 实践：使用 apt 安装软件
   - 实践：配置国内教育网源（中科大源、清华源）
   - 实践：管理软件更新与卸载
   - 思政：讨论网络安全与信息自主可控的重要性

2. **常用软件安装**
   - 实践：安装和配置常用开发工具（如 Git、Node.js 等）
   - 思政：介绍国内开源社区的发展情况，鼓励学生参与开源项目

第四部分：系统维护与管理（12 课时）

1. **用户与组管理**
   - 实践：添加、删除用户与组
   - 实践：设置用户权限

2. **系统监控与性能优化**
   - 实践：使用 top、htop 监控系统
   - 实践：优化系统性能

3. **文件系统与磁盘管理**
   - 实践：管理磁盘分区（fdisk、parted）
   - 实践：挂载和管理文件系统

第五部分：网络与安全（12课时）
1. **网络配置**
   - 实践：配置网络接口（ifconfig、ip）
   - 实践：使用 ping、netstat 进行网络诊断

2. **系统安全**
   - 实践：配置防火墙（ufw）
   - 实践：查看与分析系统日志

3. **安全加固**
   - 实践：实施基本安全加固措施
   - 思政：强调网络安全在国家安全中的重要性

实验与项目（10课时）
1. **综合实验**
   - 实践：完成从安装到配置的完整过程
   - 实践：部署一个简单的 Web 服务器
   - 思政：讨论信创操作系统在实际应用中的案例

2. **项目实践**
   - 实践：搭建一个文件共享服务器
   - 实践：进行系统安全加固与性能优化
   - 思政：结合项目实践，讨论如何通过自主创新提升国家信息安全

教学方法
- **理论结合实践**：每节课都包含理论讲解与实践操作相结合
- **动手练习**：实践环节占较大比例，学生动手操作
- **项目驱动**：通过小项目和综合实验加强学生的动手能力
- **互动教学**：采用问答、讨论等方式提高学生参与度
- **思政教育**：在课程中融入思想政治教育，激发学生的民族自豪感和责任感

教学资源
- **课件**：PPT、讲义
- **参考资料**：在线教程、书籍、官方文档
- **实验环境**：虚拟机、云主机

评价方式
- **平时成绩**（50%）：课堂参与、实验报告、小项目
- **期末考试**（50%）：理论考试与实际操作相结合

通过这种设计，课程不仅注重实践操作，帮助学生掌握 Linux 管理与维护的技能，还融入了思想政治教育，增强学生的责任感和民族自豪感。

通过利用大型语言模型人工智能进行课程内容更新，教师可以确保课程内容始终保持最新、最实用。同时，教师也能更加高效地完成课程更新工作，为学生提供更优质的教育体验。

3 编程效率提升：大型语言模型人工智能的专业应用实例

在现代编程领域，大型语言模型人工智能已经成为提升编程效率的重要工具。通过这些技术的应用，读者可以在多个方面显著提高工作效率和准确性。

首先，大型语言模型人工智能可以作为入门辅导，帮助快速掌握新的编程语言和技术。在学习新语言的过程中，这些模型能够提供即时的反馈和指导，加速学习进程。而在理解复杂代码结构时，大型语言模型人工智能也能帮助读者快速解析和理解代码逻辑，大大减少学习时间。

其次，大型语言模型人工智能在自动化测试与代码验证方面的应用，也使得软件质量控制更加严谨可靠。通过自动编写测试用例和生成测试数据，这些模型可以确保代码在各类场景下都能正常运行，避免了人工测试的烦琐和片面。

在代码逆向与重构方面，大型语言模型人工智能同样展现出了强大的能力。逆向工程技术可以帮助开发者深入理解现有程序的工作原理，而代码优化和重构则能借助这些模型的力量，提升代码的性能和可维护性。

故障诊断与解决是编程过程中常见的难题，大型语言模型人工智能在这方面提供了实时辅助。通过这些模型辅助的错误分析和 bug 修复策略，程序员可以更快速地定位和解决复杂的技术问题，减少了调试和修复的时间。

最后，大型语言模型人工智能还可以全面提升编码效率，集成到开发工具中，为程序员提供智能化的辅助功能。通过这些模型集成的开发流程优化、性能提升和代码生成技巧，整个编程过程的生产力得到了极大的提升。

总体来说，大型语言模型人工智能在编程和专业技能培训领域的应用，不仅提高了工作效率，还保障了代码质量和项目的成功实施。通过本章的详细阐述探索这些技术应用的实际案例和操作方法，为读者提供实用的参考和指导。

3.1 AI 入门辅导：帮助快速掌握编程新技术

在编程领域，大型语言模型人工智能成为快速学习新技术的强大助手。在这一小节中详细探讨如何利用这些模型来加速编程学习进程。

本节将介绍大型语言模型人工智能在学习新编程语言方面的应用。这些模型能够提供即时的反馈和指导，无论是初学者还是有经验的开发者，都可以通过与模型的互动，快速掌握新的编程语法和概念。通过实际案例和具体操作，展示如何在短时间内熟悉一门新的编程语言。

本节还讨论大型语言模型人工智能在理解复杂代码结构中的作用。在编程过程中，遇到复杂代码是常有的事，而这些模型能够帮助读者快速解析和理解这些代码逻辑，提供清晰的解释和优化建议，从而大大减少学习时间。通过实际的代码示例和模型的分析，展示如何利用这些技术高效地理解和处理复杂的代码结构。

通过具体的案例和操作步骤，展示大型语言模型人工智能如何在编程学习中提供有效的帮助，让读者能够快速掌握新的编程语言和技术，并深入理解复杂的代码结构。

3.1.1　学习新编程语言

在学习新编程语言时，大型语言模型人工智能可以发挥重要作用，帮助读者高效地掌握新知识。无论是从零开始学习，还是基于已有编程经验进行迁移，这些模型都能提供极大的帮助。

3.1.1.1　从零开始学习新编程语言

对于从未接触过某种编程语言的初学者，大型语言模型人工智能可以提供逐步指导，帮助理解基础概念、语法结构、安装环境、学习路径和方法，以及更高级的编程技巧。例如，学习 Python 时，读者可以通过模型获取即时的代码示例和解释，以及如何安装 Python 环境。

询问 GPT-4：

> 如何在 Windows 上安装 Python？

GPT-4 回答：

> 在 Windows 上安装 Python 非常简单。你可以按照以下步骤进行：
>
> 1. **下载 Python 安装程序：**
> 访问 Python 官方网站（请确认域名为"python.org"）下载最新版本的 Python 安装程序。通常来说，选择最新的稳定版本是最佳实践。
>
> 2. **运行安装程序：**
> 双击下载的安装程序（通常是一个 .exe 文件），然后按照提示进行安装。确保勾选"Add Python x.x to PATH"选项，这会让你在命令行中直接使用 python 和 pip 命令。
>
> 3. **完成安装：**

安装程序将会安装 Python 解释器以及相关的工具。等待安装完成即可。

4. ** 验证安装：**
打开命令提示符（按下 Win+R，然后输入" cmd"）或者 PowerShell，然后输入以下命令来验证 Python 是否成功安装：
```
python --version
```
如果安装成功，你应该会看到 Python 的版本号。

5. **（可选）安装 IDE：**
你可以选择安装 Python 的集成开发环境（IDE），比如 PyCharm、Visual Studio Code 等，以方便编写和运行 Python 代码。

完成这些步骤后，你就成功在 Windows 上安装了 Python。现在你可以编写并运行 Python 程序了！

接下来，读者可以学习基本的编程操作。
询问 GPT-4：

请教我如何使用 Python 打印"Hello，World！"

GPT-4 回答：

使用 Python 打印"Hello，World！"非常简单。只需按照以下步骤：

1. ** 打开文本编辑器：**
打开任何你喜欢的文本编辑器，比如 Notepad（记事本）、Sublime Text、Visual Studio Code 等。

2. ** 输入代码：**
在文本编辑器中输入以下代码：
```python
print（"Hello，World！"）
```

3. ** 保存文件：**
将文件保存为以 .py 为扩展名的文件，比如 hello.py。

4. **运行代码：**

打开命令提示符或者 PowerShell，导航到你保存 Python 文件的目录，然后运行以下命令：

```
'''
python hello. py
'''
```

如果一切顺利，你应该会看到输出"Hello，World！"。

这就是使用 Python 打印"Hello，World！"的简单步骤。

　　在掌握了基本操作后，读者可以咨询大型语言模型人工智能获取推荐的学习路径和方法。

询问 GPT-4：

学习 Python 的最佳路径是什么？

GPT-4 回答：

　　学习 Python 的最佳路径可以因人而异，但通常以下步骤是非常有效的：

1. **了解基础知识：**
   - 学习 Python 的基本语法、数据类型、控制流等基础知识。
   - 熟悉 Python 的内置函数和标准库。

2. **实践编程：**
   - 编写简单的程序来练习 Python 语法和逻辑。
   - 解决一些简单的编程问题，比如 Project Euler（https：//projecteuler. net/）提供的数学问题。

3. **学习数据结构和算法：**
   - 理解常见的数据结构（如列表、字典、集合等）和算法。
   - 解决一些与数据结构和算法相关的编程问题，比如 LeetCode（https：//leetcode. com/）上的练习题。

4. **掌握面向对象编程（OOP）：**
   - 学习 Python 中的面向对象编程概念，包括类、对象、继承、多态等。

- 编写和使用自定义的类来解决问题。

5. **深入学习：**
   - 学习 Python 的高级特性，如生成器、装饰器、上下文管理器等。
   - 探索 Python 的一些流行库和框架，如 NumPy、Pandas、Django 等，根据自己的兴趣和需求选择学习的方向。

6. **完成项目：**
   - 参与开源项目或者个人项目，将所学的知识应用到实际项目中。
   - 通过项目经验提升编程能力和解决问题的能力。

7. **持续学习：**
   - 持续跟进 Python 的最新发展，学习新的技术和工具。
   - 阅读 Python 社区的博客、文档、书籍等，不断提升自己的水平。

最重要的是，不断实践和应用所学知识，并保持对学习的热情和持续的好奇心。

随着学习的深入，还可以咨询更高级的编程技巧和实战经验。
询问 GPT-4：

学习 Python 后，我可以学习哪些高级技巧？

GPT-4 回答：

一旦掌握了 Python 的基础知识，你可以深入学习一些高级技巧和概念，以提高编程技能和解决问题的能力。以下是一些高级技巧的例子：

1. **函数式编程：**
   - 学习函数式编程概念，如高阶函数、匿名函数（lambda 函数）、闭包等。
   - 使用 Python 的'functools'模块来实现函数式编程的功能。

2. **并发和多线程：**
   - 学习如何使用 Python 的'threading'和'concurrent. futures'模块来实现并发编程。
   - 掌握线程池、进程池等概念，以及如何处理线程间的通信和同步。

3. **异步编程：**
   - 学习使用'asyncio'模块实现异步编程，包括协程、事件循环等概念。

　　- 掌握异步编程的优势和适用场景，以及如何避免常见的陷阱。

4. **元编程：**
　　- 学习元编程的概念，包括装饰器、元类等。
　　- 使用装饰器来实现代码重用、日志记录、性能分析等功能。
　　- 理解元类的原理和用法，可以用来定制类的创建和行为。

5. **调试和性能优化：**
　　- 学习使用 Python 的调试工具，如 pdb 调试器、trace 模块等。
　　- 掌握代码性能分析的工具和技术，如 cProfile、line_ profiler 等。
　　- 了解一些性能优化的技巧，如算法优化、内存管理等。

6. **数据科学和机器学习：**
　　- 学习 Python 在数据科学和机器学习领域的应用，如 NumPy、Pandas、Scikit-learn 等库。
　　- 掌握数据处理、特征工程、模型训练和评估等技术。

7. **Web 开发：**
　　- 学习使用 Python 开发 Web 应用，如 Django、Flask 等框架。
　　- 掌握 RESTful API 设计、数据库操作、用户认证等相关技术。

8. **安全和网络编程：**
　　- 学习网络编程的基础知识，如 socket 编程、HTTP 协议等。
　　- 掌握网络安全的基本概念和技术，如加密、认证、防火墙等。

这些高级技巧能够让你更好地利用 Python 的强大功能解决复杂的问题，并提高编程的效率和质量。

　　通过这种方式，初学者可以在模型的指导下，逐步掌握基础环境配置、学习路径和方法以及更高级的编程技巧，快速入门并进阶。

3.1.1.2　基于已有编程经验进行迁移

　　对于已经掌握了一种或多种编程语言的开发者，大型语言模型人工智能可以帮助他们将已有的知识迁移到新的语言上。例如，已经熟悉 Java 的开发者想学习 Go 语言时，可以通过模型了解两者之间的异同点，加速学习过程。

　　询问 GPT-4：

　　我熟悉 Java，如何使用 Go 语言实现一个简单的"Hello，World！"程序？我希望你能和 Java 做对比，以便于我进行学习迁移。

　　GPT-4 回答：

　　当你熟悉了 Java 后，学习 Go 语言实现一个简单的"Hello，World！"程序会很简单。下面是一个简单的示例代码，展示了如何在 Go 语言中实现"Hello，World！"：

```go
package main

import "fmt"

func main() {
    fmt.Println("Hello,World!")
}
```

现在让我来和 Java 做个对比：

在 Java 中，"Hello，World！"程序通常是这样的：

```java
public class HelloWorld {
    public static void main(String[] args) {
        System.out.println("Hello,World!");
    }
}
```

让我们比较一下这两种语言实现的异同：

1. **语法：** 在 Java 中，我们使用关键字'public class'来定义一个类，并在其中定义一个'main'方法作为程序的入口点。在 Go 语言中，我们使用'package main'来定义包，并在其中定义一个'main'函数作为程序的入口点。Go 语言不需要显示地声明 main 函数的返回类型，而 Java 中 main 函数的返回类型必须是'void'。

2. **导入包：** 在 Java 中，我们使用'import'语句导入外部的类或包。而在 Go 语言中，我们使用'import'语句导入外部的包。Go 语言中的导入语法更加简洁，不需要使用大括号括起来。

3. **输出：** 在 Java 中，我们使用'System. out. println（）'语句来打印输出。而在 Go 语言中，我们使用'fmt. Println（）'函数来实现相同的功能。两者都是用于向控制台输出文本。

4. **语句结束：** 在 Java 中，每个语句都需要以分号';'结尾。而在 Go 语言中，语句之间的分号通常是隐式的，所以不需要显示地加上分号。

总的来说，虽然 Java 和 Go 语言在语法上有一些差异，但是它们的基本概念和结构是相似的，因此从 Java 迁移到 Go 语言应该是相对容易的。

通过对比学习，开发者可以更快地掌握新语言的特点和用法，提高学习效率。

利用大型语言模型人工智能，读者不仅能够从零开始高效地学习新编程语言，还能基于已有经验进行快速迁移，实现知识的无缝衔接。这种方式极大地提升了编程学习的效率和效果。

3.1.2 理解复杂代码结构

在编程过程中，复杂的代码结构常常让人感到困惑和难以理解。大型语言模型人工智能在这方面提供强大的支持，帮助读者快速解析和理解复杂代码逻辑，提升开发效率。

3.1.2.1 代码结构分析

大型语言模型人工智能可以帮助读者分析复杂代码结构，提供清晰的解释和示例。例如，当读者遇到包含多层嵌套、指针操作或复杂数据结构的代码时，可以通过模型快速了解每个部分的功能和相互关系。

询问 GPT-4：

```c
    请帮我分析一下这段 C 代码的结构：
'''c
#include <stdio. h>
#include <stdlib. h>

typedef struct Node {
```

```c
    int data;
    struct Node * next;
} Node;

Node * createNode(int data) {
    Node * newNode = (Node *)malloc(sizeof(Node));
    newNode->data = data;
    newNode->next = NULL;
    return newNode;
}

void append(Node ** head, int data) {
    Node * newNode = createNode(data);
    if ( * head == NULL) {
        * head = newNode;
        return;
    }
    Node * temp = * head;
    while (temp->next != NULL) {
        temp = temp->next;
    }
    temp->next = newNode;
}

void printList(Node * head) {
    Node * temp = head;
    while (temp != NULL) {
        printf("%d -> ", temp->data);
        temp = temp->next;
    }
    printf("NULL\n");
}

int main() {
    Node * head = NULL;
```

```
    append(&head, 1);
    append(&head, 2);
    append(&head, 3);
    printList(head);
    return 0;
}
'''
```

GPT-4 回答：

　　这段 C 代码定义了一个简单的单链表，并实现了在链表尾部添加新节点的功能，以及打印链表的函数。具体结构分析如下：

1. **包含的头文件**：
　　- '#include <stdio. h>'：包含标准输入输出库，用于调用'printf'函数。
　　- '#include <stdlib. h>'：包含标准库，用于调用'malloc'函数。

2. **定义节点结构体**：
　　- 使用'typedef'关键字定义了一个名为'Node'的结构体，代表链表的节点。
　　- 结构体中包括一个整型成员'data'存储节点数据，以及一个指向下一个节点的指针'next'。

3. **创建新节点的函数**（'createNode'）：
　　- 接受一个整数'data'作为参数，用来初始化节点的数据。
　　- 函数内部使用'malloc'分配内存，并初始化节点的'data'和'next'。
　　- 返回新创建的节点指针。

4. **在链表末尾添加新节点的函数**（'append'）：
　　- 接受一个指向头节点指针的指针'head'和一个整数'data'。
　　- 如果链表为空（'*head == NULL'），则直接将头指针指向新节点。
　　- 如果不为空，函数会遍历链表找到最后一个节点，然后将其'next'指针指向新节点。

5. **打印链表的函数**（'printList'）：
　　- 接受一个头节点指针'head'，遍历链表，打印每个节点的数据，后接'" -> "'，最后打印'" NULL\n"'标识链表结束。

6. ＊＊′main′函数＊＊：
　　- 定义了一个指向头节点的指针′head′，初始为′NULL′。
　　- 通过调用′append′函数三次向链表中添加数据1，2，3。
　　- 调用′printList′函数打印链表内容。

这段代码主要展示了如何使用结构体和指针在C语言中实现基本的链表操作。整体来看，代码结构清晰，易于理解。

3.1.2.2　理解代码逻辑

除了分析代码结构外，大型语言模型人工智能还能帮助读者理解复杂的代码逻辑。例如，处理指针操作、动态内存分配和递归调用等复杂概念时，模型可以提供详细的解释和指导，帮助厘清思路。

询问GPT-4：

```
    请解释这段C代码的工作原理：
'''c
#include <stdio. h>
#include <stdlib. h>

void swap (int * a, int * b) {
    int temp = * a;
    * a = * b;
    * b = temp;
}

int partition (int arr [ ], int low, int high) {
    int pivot = arr [high];
    int i = (low - 1);
    for (int j = low; j <= high - 1; j++) {
        if (arr [j] < pivot) {
            i++;
            swap (&arr [i], &arr [j]);
        }
    }
    swap (&arr [i + 1], &arr [high]);
```

```
    return (i + 1);
}

void quickSort (int arr [], int low, int high) {
    if (low < high) {
        int pi = partition (arr, low, high);
        quickSort (arr, low, pi - 1);
        quickSort (arr, pi + 1, high);
    }
}

void printArray (int arr [], int size) {
    for (int i = 0; i < size; i++)
        printf ("%d ", arr [i]);
    printf (" \ n");
}

int main () {
    int arr [] = {10, 7, 8, 9, 1, 5};
    int n = sizeof (arr) / sizeof (arr [0]);
    quickSort (arr, 0, n - 1);
    printf ("Sorted array: \ n");
    printArray (arr, n);
    return 0;
}
'''
```

GPT-4 回答：

这段 C 代码实现了快速排序算法（Quick Sort），它是一种高效的排序算法，使用分治策略来对一个数组进行排序。下面是代码的工作原理详解：

函数解释：

1. **'swap'函数**：
   - 作用：交换两个整数的值。
   - 参数：'int ∗ a' 和 'int ∗ b' 是两个整数的指针。

- 实现：使用一个临时变量'temp'保存'a'的值，然后将'b'的值赋给'a'，最后将'temp'的值赋给'b'。

2. **'partition'函数**：
- 作用：为快速排序算法选择基准，并对数组进行分区。
- 参数：'arr［］'是待排序的数组，'low'和'high'是当前排序子数组的起始和结束索引。
- 实现：
- 选择'arr［high］'作为基准（pivot）。
- 通过遍历索引从'low'到'high-1'的元素，将小于基准的元素移到基准的左边。
- 'i'是小于基准的最后一个元素的索引。对于每个小于基准的'arr［j］'，'i'递增并与'arr［j］'交换。
- 遍历结束后，交换'arr［i+1］'和基准，使得基准位于中间，左边都小于基准，右边都大于或等于基准。
- 返回值：返回基准的最终位置索引，用于后续递归调用。

3. **'quickSort'函数**：
- 作用：递归排序数组的一部分。
- 参数：与'partition'相同。
- 实现：
- 如果'low'小于'high'（表示子数组长度大于1），则进行排序。
- 调用'partition'函数获取基准位置'pi'，然后递归排序基准左边和右边的子数组。

4. **'printArray'函数**：
- 作用：打印数组的元素。
- 参数：'arr［］'是整数数组，'size'是数组的长度。
- 实现：遍历数组并打印每个元素。

'main'函数流程：

1. 初始化一个整数数组'arr'。
2. 计算数组的长度'n'。
3. 调用'quickSort'函数对整个数组进行排序。

4. 打印排序后的数组。

快速排序的特点：
- 快速排序是不稳定的排序算法。
- 平均时间复杂度为 O（n log n），但最坏情况下时间复杂度为 O（n^2），当数组已经是排序状态时。
- 空间复杂度为 O（log n）因为递归栈空间的使用。

这段代码演示了快速排序算法的典型实现，通过递归和分治策略快速地对数组进行排序。

　　通过大型语言模型人工智能的帮助，读者不仅能够分析复杂代码的结构，还能深入理解复杂代码的逻辑。这种方式极大地提升了处理复杂代码的能力和效率。

3.2　自动化测试与代码验证：确保代码质量

　　在软件开发过程中，代码质量至关重要，而自动化测试与代码验证是保证代码质量的重要手段。大型语言模型人工智能在这方面的应用，使得软件质量控制更加严谨可靠。本节将详细探讨如何利用这些模型进行自动化测试与代码验证。

　　本节将介绍如何使用大型语言模型人工智能自动编写测试用例。通过分析代码逻辑和功能，模型可以生成覆盖各种场景的测试用例，确保代码在不同情况下都能正常运行。这不仅减少了人工编写测试用例的烦琐工作，还提高了测试的全面性和准确性。

　　本节还将探讨如何利用大型语言模型人工智能生成测试数据。生成高质量的测试数据是进行有效测试的关键，模型可以根据需求自动生成符合特定条件的数据，覆盖各种边界情况和异常情况，确保代码在各种数据输入下的稳定性和可靠性。

3.2.1　编写测试用例

　　在软件开发中，编写测试用例是确保代码质量的重要步骤。大型语言模型人工智能可以帮助读者高效地搭建测试代码框架，从而使测试过程更加系统和全面。通过本节内容，读者将了解如何利用这些模型编写测试用例，确保代码的可靠性和稳定性。

3.2.1.1　搭建单元测试框架

单元测试是测试代码的基础部分，确保每个独立的代码单元都能正常工作。大型语言模型人工智能可以帮助读者快速搭建单元测试框架代码，使读者能够专注于测试逻辑的实现。

询问 GPT-4：

> 请帮我用 Python 的 unittest 框架编写一个简单的单元测试示例，测试一个加法函数。

GPT-4 回答：

> 当然！下面是一个使用 Python 的 unittest 框架编写的简单单元测试示例，它测试一个加法函数：
>
> 首先，我们编写一个加法函数：
>
> ```python
> def add (a, b):
>     return a + b
> ```
>
> 接下来，我们编写一个测试这个加法函数的单元测试：
>
> ```python
> import unittest
>
> # 需要测试的加法函数
> def add (a, b):
>     return a + b
>
> # 创建一个测试用例类，继承自 unittest.TestCase
> class TestAddFunction (unittest.TestCase):
>
>     # 测试两个正数相加
>     def test_add_positive_numbers (self):
>         self.assertEqual (add (1, 2), 3)
> ```

```
    # 测试两个负数相加
    def test_add_negative_numbers（self）：
        self. assertEqual（add（-1, -2），-3)

    # 测试正数和负数相加
    def test_add_positive_and_negative（self）：
        self. assertEqual（add（1, -1），0)

    # 测试零相加
    def test_add_zeros（self）：
        self. assertEqual（add（0, 0），0)

    # 测试浮点数相加
    def test_add_floats（self）：
        self. assertEqual（add（1. 5, 2. 5），4. 0)

# 启动单元测试
if __name__ == '__main__'：
    unittest. main（）
'''
```

在这个示例中，我们创建了一个名为'TestAddFunction'的测试用例类，继承自'unittest. TestCase'。在这个类中，我们定义了几个测试方法来测试不同的加法情况。每个测试方法都使用'self. assertEqual'来检查加法函数的返回值是否与预期值相等。

运行这个脚本时，如果所有测试都通过，将不会有错误输出；如果有任何一个测试失败，unittest 框架会输出详细的错误信息。

保存这个脚本并运行它，就可以看到测试结果。

通过这种方式，读者可以快速搭建单元测试框架，并编写测试用例来验证各个函数的正确性。

3.2.1.2　搭建集成测试框架

集成测试用于验证不同模块之间的协作，确保它们在一起工作时没有问题。大型语言模型人工智能可以帮助读者快速搭建集成测试框架，确保系统的整体功能。

询问 GPT-4：

请帮我用 Python 的 pytest 框架编写一个简单的集成测试示例，测试一个简单的用户注册和登录系统。

GPT-4 回答：

当然！我们可以使用 Python 的 pytest 框架编写一个简单的集成测试示例，测试一个简单的用户注册和登录系统。

首先，我们定义一个简单的用户注册和登录系统：

'''python
```python
# user_system. py
class UserSystem：
    def __init__(self)：
        self. users = {}

    def register(self,username,password)：
        if username in self. users：
            raise ValueError("User already exists")
        self. users[username] = password
        return "User registered successfully"

    def login(self,username,password)：
        if username not in self. users：
            raise ValueError("User does not exist")
        if self. users[username] ! = password：
            raise ValueError("Incorrect password")
        return "Login successful"
```
'''

接下来，我们使用 pytest 编写测试：

'''python
```python
# test_user_system. py
import pytest
from user_system import UserSystem
```

```
@ pytest. fixture
def user_system( ):
    return UserSystem( )

def test_register(user_system):
    assert user_system. register( " test_user" ," test_pass" ) = = " User registered
successfully"
    with pytest. raises( ValueError, match = " User already exists" ):
        user_system. register( " test_user" ," test_pass" )

def test_login( user_system):
    user_system. register( " test_user" ," test_pass" )
    assert user_system. login( " test_user" ," test_pass" ) = = " Login successful"
    with pytest. raises( ValueError, match = " User does not exist" ):
        user_system. login( " nonexistent_user" ," test_pass" )
    with pytest. raises( ValueError, match = " Incorrect password" ):
        user_system. login( " test_user" ," wrong_pass" )
'''
```

在这个示例中，我们首先创建了一个名为'UserSystem'的简单用户注册和登录系统。然后，我们编写了测试脚本'test_ user_ system. py'，使用 pytest 框架进行测试。

具体的测试步骤如下：

1. 使用'@ pytest. fixture'创建一个'user_system'夹具，以便在每个测试中都可以使用一个新的'UserSystem'实例。
2. 定义了'test_register'函数来测试用户注册功能。首先，测试正常的用户注册，并检查返回值。然后，尝试注册已存在的用户，并检查是否引发'ValueError'异常。
3. 定义了'test_login'函数来测试用户登录功能。首先，注册一个用户，然后测试正常的登录，并检查返回值。接着，测试不存在的用户登录和密码错误的情况，并检查是否引发'ValueError'异常。

要运行这些测试，只需在命令行中运行'pytest'命令：

'''bash

```
pytest test_user_system. py
'''
```

如果所有测试通过，你将看到类似以下的输出：

```
'''plaintext
==================== test session starts
===================
platform win32 -- Python 3. 8. 0, pytest-6. 2. 4, py-1. 10. 0, pluggy-0. 13. 1
rootdir：…
collected 2 items

test_user_system. py . .
[100%]

==================== 2 passed in 0. 04s
===================
'''
```

如果有任何测试失败，pytest 将输出详细的错误信息。

　　通过这种方式，读者可以快速搭建集成测试框架，并编写测试用例来验证系统各个模块之间的协作功能。

　　通过大型语言模型人工智能，读者可以高效地编写单元测试和集成测试用例，从而验证代码在多种场景下的正确性和稳定性。这种方法有效地简化了开发流程，同时增强了代码的可靠性和适用性。

3. 2. 2　测试数据的生成

　　在自动化测试中，高质量的测试数据是确保测试全面性和有效性的关键。大型语言模型人工智能可以帮助测试人员快速生成符合各种测试需求的数据，使测试过程更加高效和准确。在本节中，本书将详细探讨如何利用这些模型生成测试数据，并确保其能够方便地被测试框架代码使用。

3. 2. 2. 1　生成基础测试数据

　　基础测试数据包括常见的数值、字符串和布尔值等，这些数据可以用于验证代码的基本功能和逻辑。大型语言模型人工智能可以帮助读者自动生成这些基础数据，确保测试覆盖常见情况。

　　询问 GPT-4o：

请帮我生成一些基础测试数据，用于测试一个计算加法函数，包括整数、浮点数和字符串，并给出预期的结果。

GPT-4 回答：

当然，我们可以生成一些基础测试数据，用于测试一个计算加法函数。以下是包含整数、浮点数和字符串的测试数据，以及预期的结果：

'''plaintext
示例 1：
输入：2，3
预期结果：5

示例 2：
输入：-1，4
预期结果：3

示例 3：
输入：0，0
预期结果：0

示例 4：
输入：3.5，2.2
预期结果：5.7

示例 5：
输入：-2.5，4.5
预期结果：2.0

示例 6：
输入：1.1，-1.1
预期结果：0.0

示例 7：
输入："2","3"
预期结果："23"

```
**示例 8**：
输入:" hello"," world"
预期结果:" helloworld"

**示例 9**：
输入:"123"，456
预期结果：TypeError（假设函数不支持字符串与数字的加法）

**示例 10**：
输入：3,"3"
预期结果：TypeError（假设函数不支持字符串与数字的加法）
'''

这些测试数据涵盖了整数、浮点数和字符串的不同组合，能够帮助测试函数
在不同输入类型下的表现。希望这些数据对你有帮助！
```

通过这种方式，测试者可以快速生成基础测试数据，并将其应用到测试框架
中，验证代码的基本功能。

将生成的数据结合到测试框架中的示例。

询问 GPT-4:

```
　　请帮我将这些生成的基础测试数据结合到 Python 的 unittest 框架中，测试
一个简单的加法函数。
```

GPT-4 回答:

```
　　好的，我们可以使用 Python 的'unittest'框架来测试一个简单的加法函数。
以下是将之前生成的测试数据结合到'unittest'框架中的示例代码：

'''python
import unittest

def add(a,b):
    return a + b

class TestAddFunction(unittest.TestCase):

    def test_integers(self):
```

```
            self. assertEqual( add( 2 ,3 ) ,5)
            self. assertEqual( add( -1 ,4 ) ,3)
            self. assertEqual( add( 0 ,0 ) ,0)

        def test_floats( self ) :
            self. assertAlmostEqual( add( 3. 5 ,2. 2 ) ,5. 7)
            self. assertAlmostEqual( add( -2. 5 ,4. 5 ) ,2. 0)
            self. assertAlmostEqual( add( 1. 1 ,-1. 1 ) ,0. 0)

        def test_strings( self ) :
            self. assertEqual( add( "2" ,"3" ) ,"23" )
            self. assertEqual( add( "hello" ,"world" ) ,"helloworld" )

        def test_mixed_types( self ) :
            with self. assertRaises( TypeError ) :
                    add( "123" ,456)
            with self. assertRaises( TypeError ) :
                    add( 3 ,"3" )

if __name__ = = '__main__' :
    unittest. main ( )
'''
```

在这个示例中，我们定义了一个简单的加法函数'add（a，b）'，然后使用'u-nittest'框架编写了测试类'TestAddFunction'，其中包括以下测试方法：

- 'test_integers'：测试整数的加法。
- 'test_floats'：测试浮点数的加法。
- 'test_strings'：测试字符串的连接。
- 'test_mixed_types'：测试混合类型的加法，并检查是否会引发'TypeError'。

运行这个测试脚本时，'unittest'框架会自动执行所有定义的测试方法，并报告结果。希望这段代码对你有帮助！

3.2.2.2　生成边界和异常测试数据

为了确保代码在极端情况下的稳定性和可靠性，我们还需要生成边界和异常测试数据。这些数据包括最大值、最小值、空值、特殊字符等，能够帮助我们验证代码在处理极端输入时的表现。

询问 GPT-4：

> 请帮我生成一些边界和异常测试数据，用于测试一个字符串处理函数，包括空字符串、非常长的字符串和特殊字符，并给出预期的结果。

GPT-4 回答：

> 当然，这里是一些边界和异常测试数据，用于测试一个字符串处理函数，包括空字符串、非常长的字符串和特殊字符，以及预期的结果。
>
> ### 边界和异常测试数据
>
> **示例 1**：
> 输入:""
> 预期结果：视具体字符串处理函数而定，例如返回空字符串或特定消息
>
> **示例 2**：
> 输入:"a"
> 预期结果：视具体字符串处理函数而定，例如返回"a"或特定消息
>
> **示例 3**：
> 输入:"" （单个空格）
> 预期结果：视具体字符串处理函数而定，例如返回" " 或特定消息
>
> **示例 4**：
> 输入:"!"#$%&'()*+,-./:;<=>? @[\\]^_'{|}~" （所有特殊字符）
> 预期结果：视具体字符串处理函数而定，例如返回处理后的字符串或特定消息
>
> **示例 5**：
> 输入:"a" * 1000 （非常长的字符串，1000 个字符）
> 预期结果：视具体字符串处理函数而定，例如返回处理后的字符串或特定消息
>
> **示例 6**：
> 输入:"\n\t\r" （包含控制字符的字符串）

预期结果：视具体字符串处理函数而定，例如返回处理后的字符串或特定消息

示例 7：
输入:"1234567890"（纯数字字符串）
预期结果：视具体字符串处理函数而定，例如返回处理后的字符串或特定消息

将这些测试数据结合到 Python 的 unittest 框架中

以下是将这些测试数据结合到'unittest'框架中的示例代码：

```python
import unittest

def process_string(s):
    # 示例字符串处理函数
    return s

class TestStringProcessingFunction(unittest.TestCase):

    def test_empty_string(self):
        self.assertEqual(process_string(""),"")

    def test_single_character(self):
        self.assertEqual(process_string("a"),"a")

    def test_single_space(self):
        self.assertEqual(process_string(" ")," ")

    def test_special_characters(self):
        self.assertEqual(process_string("!\"#$%&'()*+,-./:;<=>?@[\\]^_'{|}~"),"!\"#$%&'()*+,-./:;<=>?@[\\]^_'{|}~")

    def test_very_long_string(self):
        long_string = "a" * 1000
        self.assertEqual(process_string(long_string),long_string)

    def test_control_characters(self):
```

```
        self. assertEqual( process_string( " \n\t\r" ) ," \n\t\r" )

    def test_numeric_string( self) :
        self. assertEqual( process_string( "1234567890" ) ,"1234567890" )

if __name__ == '__main__':
    unittest. main ( )
'''
```

在这个示例中，我们定义了一个简单的字符串处理函数'process_string（s)'，然后使用'unittest'框架编写了测试类'TestStringProcessingFunction'，其中包括以下测试方法：

- 'test_empty_string'：测试空字符串的处理。
- 'test_single_character'：测试单个字符的处理。
- 'test_single_space'：测试单个空格的处理。
- 'test_special_characters'：测试所有特殊字符的处理。
- 'test_very_long_string'：测试非常长的字符串的处理。
- 'test_control_characters'：测试包含控制字符的字符串的处理。
- 'test_numeric_string'：测试纯数字字符串的处理。

运行这个测试脚本时，'unittest'框架会自动执行所有定义的测试方法，并报告结果。希望这段代码对你有帮助！

通过这种方式，我们可以生成边界和异常测试数据，并结合预期结果进行验证，确保代码在处理极端情况时的稳定性和可靠性。

将生成的数据结合到测试框架中的示例。

询问 GPT-4：

请帮我将这些生成的边界和异常测试数据结合到 Python 的 pytest 框架中，测试一个简单的字符串处理函数。

GPT-4 回答：

当然，这里是将之前生成的边界和异常测试数据结合到 Python 的'pytest'框架中的示例代码，用于测试一个简单的字符串处理函数。

边界和异常测试数据

** 示例 1 **：

输入：""

预期结果：视具体字符串处理函数而定，例如返回空字符串或特定消息

** 示例 2 **：

输入："a"

预期结果：视具体字符串处理函数而定，例如返回"a"或特定消息

** 示例 3 **：

输入：" "（单个空格）

预期结果：视具体字符串处理函数而定，例如返回" " 或特定消息

** 示例 4 **：

输入："!\"#\$%&'()*+,-./:;<=>? @[\\]^_'{|}~"（所有特殊字符）

预期结果：视具体字符串处理函数而定，例如返回处理后的字符串或特定消息

** 示例 5 **：

输入："a" * 1000（非常长的字符串，1000 个字符）

预期结果：视具体字符串处理函数而定，例如返回处理后的字符串或特定消息

** 示例 6 **：

输入："\n\t\r"（包含控制字符的字符串）

预期结果：视具体字符串处理函数而定，例如返回处理后的字符串或特定消息

** 示例 7 **：

输入："1234567890"（纯数字字符串）

预期结果：视具体字符串处理函数而定，例如返回处理后的字符串或特定消息

将这些测试数据结合到 Python 的 pytest 框架中

以下是使用'pytest'框架编写的测试代码：

'''python

```
import pytest

def process_string(s):
    # 示例字符串处理函数
    return s

@pytest.mark.parametrize("input_str,expected",[
    ("",""),
    ("a","a"),
    (" "," "),
    ("!\"#$%&'()*+,-./:;<=>?@[\\]^_'{|}~","!\"#$%&'()*+,-
./:;<=>?@[\\]^_'{|}~"),
    ("a"*1000,"a"*1000),
    ("\n\t\r","\n\t\r"),
    ("1234567890","1234567890")
])
def test_process_string(input_str,expected):
    assert process_string(input_str) == expected

if __name__ == '__main__':
    pytest.main()
'''
```

在这个示例中，我们使用了'pytest.mark.parametrize'来生成参数化测试。测试函数'test_process_string'将被运行多次，每次使用不同的输入字符串和预期结果进行测试。

运行这个测试脚本时，'pytest'框架会自动执行所有定义的测试方法，并报告结果。希望这段代码对你有帮助！

    利用大型语言模型人工智能，测试人员不仅能够高效地生成基础测试数据和边界、异常测试数据，还能确保测试数据与预期结果的匹配，并将其结合到测试框架中。这种方式极大地提升了测试效率和代码质量。

3.3　代码逆向与重构：AI 助力理解和优化现有代码

在软件开发中，理解和优化现有代码是确保项目成功的关键步骤。大型语言模型人工智能在程序逆向和代码重构方面表现出了强大的能力，帮助开发者更好地理解程序的工作原理，并通过优化和重构提升代码的性能和可维护性。

在这一节中详细探讨如何利用大型语言模型人工智能进行程序逆向和代码重构。本节介绍如何在大型语言模型的帮助下更好地进行程序逆向。这些技术可以帮助开发者解析和理解现有代码，弄清其内部结构和工作机制。不管是面对旧系统还是第三方代码库，利用逆向工程技术，开发者能够更好地维护和扩展软件。

本节还会探讨代码优化和重构的方法。通过利用大型语言模型人工智能，开发者可以找到并改进代码中的性能瓶颈，重构代码结构以提高可读性和可维护性。本节会展示具体的实例来展示如何提升代码质量。

本节将通过具体的操作步骤和实例，展示大型语言模型人工智能在程序逆向和代码重构中的实际应用。读者将学到如何利用这些技术高效地理解和优化现有代码，从而提升整个开发过程的效率和软件的质量。

3.3.1　大型语言模型人工智能辅助下的逆向工程

在程序逆向工程中，大型语言模型人工智能可以提供强大的辅助功能，帮助开发者更高效地解析和理解复杂的程序。由于逆向工程不一定合法，本书在这里使用的是 CTF（Capture The Flag）挑战中的逆向题目，通过这些逆向题目，读者可以更好地了解这些技术的实际应用。

3.3.1.1　分析二进制文件

二进制文件分析是逆向工程的核心任务之一，通过大型语言模型人工智能，可以快速识别和理解二进制文件的结构和功能。在 CTF 挑战中，分析二进制文件常常是获取关键信息的第一步。

询问 GPT-4o：

　　我正在做一个 ctf 题目的 reverse 题目，现在有一个简单的 exe 题目需要我找出里面的 flag。请告诉我应该如何进行处理这个文件，从哪些方面进行尝试，告诉我初步进行分析的步骤。

GPT-4o 回答：

处理CTF中的reverse题目时，以下是初步分析一个exe文件的常见步骤。

1. 准备工作

工具准备：
1. **静态分析工具**：IDA Pro、Ghidra、Binary Ninja
2. **动态分析工具**：OllyDbg、x64dbg
3. **其他工具**：strings（用于提取可读字符串）、PEiD（用于检测文件加壳）

2. 初步分析步骤

步骤一：文件识别与基本信息收集

1. **文件类型识别**：使用'file'命令检查文件类型。
   ```sh
   file <filename>
   ```
2. **哈希值计算**：使用'md5sum'或'sha256sum'计算文件的哈希值，记录下来以便后续验证文件是否被修改。
   ```sh
   md5sum <filename>
   sha256sum <filename>
   ```
3. **检测文件加壳**：使用PEiD检测文件是否经过加壳。如果是加壳文件，可能需要先进行脱壳。

步骤二：静态分析

1. **提取可读字符串**：使用'strings'工具提取文件中的可读字符串，寻找可能的提示或flag位置。
   ```sh
   strings <filename> > strings_output.txt
   ```
2. **载入反汇编工具**：使用IDA Pro或Ghidra打开exe文件，查看程序的入口点（Entry Point）和主要函数。

3. **分析主函数**：找到'main'函数或'WinMain'函数，理解程序的主要逻辑。通常，这些函数会包含重要的判断或操作。

步骤三：动态分析

1. **设置断点**：在可疑的函数或字符串引用处设置断点，逐步运行程序以观察其行为。
2. **输入测试**：运行程序，输入常见的测试值，观察程序的响应。结合反汇编结果和实际运行情况，理解程序逻辑。
3. **内存检查**：在调试器中监控程序运行时的内存，检查可能存储flag的地址。

步骤四：综合分析

1. **函数调用分析**：追踪重要函数的调用链，理解数据的传递和处理过程。
2. **条件判断**：注意程序中的条件判断语句，这些可能是程序验证输入或flag的关键点。
3. **密码学相关代码**：如果程序涉及加密或哈希算法，理解算法的实现并尝试还原输入。

示例

假设你已经用'strings'提取了文件中的字符串，并在'IDA Pro'中查看了'main'函数，你发现了以下代码片段：

```c
#include <stdio.h>
#include <string.h>

int main(int argc, char * argv[]) {
    char input[100];
    char correct_flag[] = "flag{this_is_the_flag}";

    printf("Enter the flag:");
    scanf("%s", input);

    if (strcmp(input, correct_flag) == 0) {
```

```
        printf("Correct! The flag is:%s\n",correct_flag);
    } else {
        printf("Incorrect flag. \n");
    }
    return 0;
}
'''
```

在这个例子中，通过静态分析（查看'main'函数）可以很容易地看到程序是如何验证输入的。你发现程序通过比较输入的字符串和'correct_flag'来确定flag。因此，直接运行程序并输入'flag{this_is_the_flag}'即可获得正确的flag。

总结

处理CTF中的reverse题目需要细致的静态和动态分析。通过初步的文件识别、字符串提取、反汇编分析和调试，可以逐步理解程序的逻辑，最终找到隐藏的flag。希望这些步骤能帮助你更好地应对这类挑战！

通过这种方式，读者可以通过大型语言模型人工智能学习如何系统地处理和分析二进制文件。它能够指导分析人员使用合适的工具和步骤，从文件识别到静态和动态分析，再到综合分析，全面地解析文件结构和逻辑，最终找到隐藏的信息。这种方法不仅提高了分析效率，还帮助掌握逆向工程的基本流程和技巧。

3.3.1.2 反汇编和分析代码逻辑

反汇编和分析代码逻辑是逆向工程的重要步骤，通过大型语言模型人工智能，可以更快速地理解反汇编代码的含义和功能。在CTF挑战中，反汇编往往是破解程序逻辑的重要手段。

这里的例子是一道CTF题目中逆向的例子，本节先使用IDA初步对可执行文件进行分析后得到的反汇编代码，将反汇编代码交给ChatGPT理解其含义。

询问GPT-4o：

```
    请你帮我分析下这段ida反汇编之后得到的代码的含义：
.data:0000000000004010 align 20h
.data:0000000000004020 aAncsa6gxmsmomq db
'AncsA6gXMSMoMqIuNCMuxaYuAGIavC9=',0
.data:0000000000004020 ;DATA XREF:main+90↑o
.data:0000000000004020 _data ends__int64 sub_10F0()
```

```
{
__asm { endbr64 }
return sub_1070( );
} __int64 sub_1070( )
{
__asm { endbr64 }
return sub_1020( );
} int64 fastcall sub_1209( __int64 a1, unsigned __int64 a2)
{
__int64 v2;// rax
unsigned __int64 v4;// rax
int v5;// eax
unsigned __int64 v6;// rax
int v7;// eax
unsigned __int64 v8;// rax
int v9;// eax
unsigned int v10;// ST2C_4
signed __int64 v11;// rax
int i;// [rsp-3Ch] [rbp-3Ch]
int v13;// [rsp-38h] [rbp-38h]
int v14;// [rsp-34h] [rbp-34h]
unsigned __int64 v15;// [rsp-28h] [rbp-28h]
__int64 v16;// [rsp-20h] [rbp-20h]
unsigned __int64 v17;// [rsp-18h] [rbp-18h]
__int64 v18;// [rsp-10h] [rbp-10h]
__asm { endbr64 }
v17 = 4 ((unsigned int64)(0xAAAAAAAAAAAAAABLL (unsigned int128)(a2
+ 2) >> 64) >> 1);
sub_1100( );
v18 = v2;
if ( ! v2 )
return 0LL;
v15 = 0LL;
v16 = 0LL;
```

```
while ( v15 < a2 )
{
if ( v15 >= a2 )
{
v5 = 0;
}
else
{
v4 = v15++;
v5 = (unsigned __int8 )(a1 + v4);
}
v13 = v5;
if ( v15 >= a2 )
{
v7 = 0;
}
else
{
v6 = v15++;
v7 = (unsigned __int8 )(a1 + v6);
}
v14 = v7;
if ( v15 >= a2 )
{
v9 = 0;
}
else
{
v8 = v15++;
v9 = (unsigned __int8 )(a1 + v8);
}
v10 = (v14 << 8) + (v13 << 16) + v9;
(_BYTE )(v16 + v18) = aZyxwvutsrqponm[(v10 >> 18) & 0x3F];
(_BYTE )(v16 + 1 + v18) = aZyxwvutsrqponm[(v10 >> 12) & 0x3F];
(_BYTE )(v16 + 2 + v18) = aZyxwvutsrqponm[(v10 >> 6) & 0x3F];
```

```c
v11 = v16 + 3;
v16 += 4LL;
(_BYTE )(v11 + v18) = aZyxwvutsrqponm[v10 & 0x3F];
}
for ( i = 0;
i < 3
- (a2
- 3 ((unsigned int64)(0xAAAAAAAAAAAAAABLL (unsigned int128) a2 >>
64) >> 1))
- 3
* ((unsigned __int64)(0xAAAAAAAAAAAAAABLL
* (unsigned __int128)(3
- (a2
- 3
((unsigned int64)(0xAAAAAAAAAAAAAAABLL (unsigned int128) a2 >> 64)
>> 1))) >> 64) >> 1);
++i )
{
(_BYTE )(v17 - i - 1 + v18) = 61;
}
(_BYTE )(v18 + v17) = 0;
return v18;
}
```

GPT-4o 回答：

这段代码反汇编的汇编代码和 C 代码混合在一起，我们可以对其进行逐行分析，了解其具体含义。以下是对代码的解释：

数据段
'''assembly
. data:0000000000004010 align 20h
. data:0000000000004020 aAncsa6gxmsmomq db
'AncsA6gXMSMoMqIuNCMuxaYuAGIavC9 =',0
. data:0000000000004020 ;DATA XREF:main+90↑o

```
.data:0000000000004020 _data ends
'''
```

- 这段数据段声明了一个字符串常量
''AncsA6gXMSMoMqIuNCMuxaYuAGIavC9=''，并且这个字符串会在程序中的
某处被引用。

函数'sub_10F0'和'sub_1070'
```c
__int64 sub_10F0( )
{
    __asm { endbr64 }
    return sub_1070( );
}

__int64 sub_1070( )
{
    __asm { endbr64 }
    return sub_1020( );
}
'''
```

- 这两个函数都使用了 'endbr64' 指令，这是用于控制流保护的指令，可能与
Intel CET（Control-flow Enforcement Technology）有关。
- 'sub_10F0' 函数调用 'sub_1070' 函数，而 'sub_1070' 函数则调用 'sub_1020'
函数，这些函数本身没有实际的逻辑，只是调用了下一个函数。

函数 'sub_1209'
```c
int64 fastcall sub_1209( __int64 a1,unsigned __int64 a2)
{
    __int64 v2;// rax
    unsigned __int64 v4;// rax
    int v5;// eax
    unsigned __int64 v6;// rax
    int v7;// eax
    unsigned __int64 v8;// rax
    int v9;// eax
```

```
unsigned int v10;// ST2C_4
signed __int64 v11;// rax
int i;// [rsp-3Ch] [rbp-3Ch]
int v13;// [rsp-38h] [rbp-38h]
int v14;// [rsp-34h] [rbp-34h]
unsigned __int64 v15;// [rsp-28h] [rbp-28h]
__int64 v16;// [rsp-20h] [rbp-20h]
unsigned __int64 v17;// [rsp-18h] [rbp-18h]
__int64 v18;// [rsp-10h] [rbp-10h]

__asm { endbr64 }

v17 = 4 * ((unsigned __int64)(0xAAAAAAAAAAAAAABLL *
(unsigned __int128)(a2 + 2) >> 64) >> 1);
sub_1100();
v18 = v2;
if (! v2)
    return 0LL;
v15 = 0LL;
v16 = 0LL;
while (v15 < a2)
{
    if (v15 >= a2)
    {
        v5 = 0;
    }
    else
    {
        v4 = v15++;
        v5 = (unsigned __int8) * (a1 + v4);
    }
    v13 = v5;
    if (v15 >= a2)
    {
        v7 = 0;
```

```
          }
      else
          {
              v6 = v15++;
              v7 = (unsigned __int8) * (a1 + v6);
          }
      v14 = v7;
      if (v15 >= a2)
          {
              v9 = 0;
          }
      else
          {
              v8 = v15++;
              v9 = (unsigned __int8) * (a1 + v8);
          }
      v10 = (v14 << 8) + (v13 << 16) + v9;
      * (_BYTE *)(v16 + v18) = aZyxwvutsrqponm[(v10 >> 18) & 0x3F];
      * (_BYTE *)(v16 + 1 + v18) = aZyxwvutsrqponm[(v10 >> 12) &
0x3F];
      * (_BYTE *)(v16 + 2 + v18) = aZyxwvutsrqponm[(v10 >> 6) &
0x3F];
      v11 = v16 + 3;
      v16 += 4LL;
      * (_BYTE *)(v11 + v18) = aZyxwvutsrqponm[v10 & 0x3F];
  }
  for (i = 0; i < 3 - (a2 - 3 * ((unsigned __int64)
(0xAAAAAAAAAAAAAABLL * (unsigned __int128)a2 >> 64) >> 1)) - 3 *
((unsigned __int64)(0xAAAAAAAAAAAAAABLL * (unsigned __int128)(3 -
(a2 - 3 * ((unsigned __int64)(0xAAAAAAAAAAAAAABLL * (unsigned __
int128)a2 >> 64) >> 1))) >> 64) >> 1);++i)
      {
          * (_BYTE *)(v17 - i - 1 + v18) = 61;
      }
```

```
    *(_BYTE *)(v18 + v17) = 0;
    return v18;
}
'''
```

- 'sub_1209' 函数是一个进行编码或加密的函数。这个函数接受两个参数 'a1' 和 'a2'，其中 'a1' 是输入数据的指针，'a2' 是输入数据的长度。
- 函数开始时通过一些数学运算计算出 'v17' 的值，并调用 'sub_1100 ()'。
- 然后进入一个循环，处理输入数据的每三个字节，并将其转换为四个输出字符，这部分逻辑类似于 Base64 编码。
- 在循环结束后，根据输入数据长度进行填充操作，将结果用字符'='填充，以确保结果长度符合 Base64 编码的要求。
- 最终，返回结果数据的指针。

总结
- 这段代码主要涉及一个类似 Base64 编码的过程，其中输入的每三个字节被转换成四个输出字符，并在必要时进行填充操作。
- 使用了大量的寄存器和位运算来处理输入数据，并将结果存储在一个输出缓冲区中。

通过这种方式，读者可以利用大型语言模型人工智能更快速地理解反汇编代码的逻辑，找到破解方法。

在这个例子中，在得到了其是 Base 64 编码变种的回答后可以继续进行提问。询问 GPT-4o：

给我一个 python 源代码来逆向出这个奇怪的 Base 64 怎么进行解码。

GPT-4o 回答：

要解码这个类似 Base64 编码的奇怪编码，我们需要逆向工程出编码的逻辑。首先，我们可以根据反汇编的代码推断出编码的流程，然后编写相应的解码函数。

我们知道编码过程大致如下。
1. 每三个字节输入数据被转换成四个字符。
2. 使用一个自定义的字符集（类似于 Base64 字符集）进行映射。
3. 填充字符 '=' 用于确保输出长度是 4 的倍数。

假设字符集是 'aZyxwvutsrqponm'，我们可以编写以下 Python 代码进行解码：

```python
# 定义自定义的字符集
custom_b64_chars =
'aZyxwvutsrqponmABCDEFGHIJKLMNabcdefghijklmnopqrstuvw0123456789+/'

def custom_b64_decode(encoded_str):
    # 创建一个字符到索引的映射
    char_to_index = {char:index for index,char in
enumerate(custom_b64_chars)}

    # 去除填充字符
    encoded_str = encoded_str.rstrip('=')

    # 解码过程
    decoded_bytes = bytearray()
    for i in range(0,len(encoded_str),4):
        # 获取当前的 4 个字符
        chunk = encoded_str[i:i+4]
        # 将这 4 个字符转换成 24 位的整数
        num = 0
        for char in chunk:
            num = (num << 6) + char_to_index[char]

        # 提取出原始的三个字节
        decoded_bytes.append((num >> 16) & 0xFF)
        decoded_bytes.append((num >> 8) & 0xFF)
        decoded_bytes.append(num & 0xFF)

    # 根据编码时的填充情况,移除可能多余的字节
    padding = encoded_str.count('=')
    if padding:
        decoded_bytes = decoded_bytes[:-padding]

    return bytes(decoded_bytes)
```

```
# 测试自定义解码函数
encoded_str = 'AncsA6gXMSMoMqIuNCMuxaYuAGIavC9='   # 替换为你的编码
字符串
decoded_data = custom_b64_decode(encoded_str)
print(decoded_data)
'''
```

在这个解码函数中，我们：

1. 定义了自定义字符集 'custom_b64_chars'。
2. 创建了一个字符到索引的映射表 'char_to_index'。
3. 去除填充字符 '='。
4. 逐个处理每四个字符的块，将其转换为 24 位整数。
5. 将 24 位整数折分为三个字节，并存入 'decoded_bytes'。
6. 根据填充情况，移除可能多余的字节。

请根据具体的字符集和编码细节进行相应调整。希望这个示例能帮助你进行逆向解码！

　　但实际上，由于提供的信息不完全，自定义编码表可能不正确，因此需要手动修改程序，将 custom_ b64_ chars 替换为实际的字符串后再运行即可成功地进行自定义 Base 64 解码。从这里也可以看出，大型语言模型人工智能虽然无法完全替代人类进行逆向工作，有些细节仍需人工修正，但已经能起到辅助分析的作用。

　　通过以上介绍，读者可以了解到如何利用大型语言模型人工智能高效地进行程序逆向工程，从而在 CTF 和实际开发中更好地理解和分析代码。

3.3.2　代码优化和重构

　　在软件开发中，代码优化和重构是提升代码质量和性能的关键步骤。大型语言模型人工智能在这方面能够提供有效的指导，帮助开发者识别并解决代码中的问题。通过具体的实例，读者可以更好地了解这些技术的实际应用。

3.3.2.1　性能优化

　　性能优化是代码优化的重要目标之一。可以通过大型语言模型人工智能识别并改进代码中的性能瓶颈。

　　询问 GPT-4：

我有一段代码用于查找列表中所有偶数的平方和，但性能不太理想，请帮我优化一下，可以使用 numpy，并告诉我如何进行性能测试。原始代码如下：

```python
def sum_of_even_squares(arr):
    result = 0
    for num in arr:
        if num % 2 == 0:
            result += num * num
    return result

arr = list(range(1,100001))
print(sum_of_even_squares(arr))
```

GPT-4 回答：

好的，下面是使用'numpy'优化后的代码，并附带性能测试部分。

优化代码

```python
import numpy as np

def sum_of_even_squares_optimized(arr):
    arr = np.array(arr)
    even_numbers = arr[arr % 2 == 0]
    return np.sum(even_numbers ** 2)

arr = list(range(1,100001))
print(sum_of_even_squares_optimized(arr))
```

性能测试

我们将使用'timeit'模块来比较原始代码和优化代码的性能。

```python
```

```
import timeit
import numpy as np

# 定义原始代码函数
def sum_of_even_squares(arr):
    result = 0
    for num in arr:
        if num % 2 == 0:
            result += num * num
    return result

# 定义优化后的代码函数
def sum_of_even_squares_optimized(arr):
    arr = np.array(arr)
    even_numbers = arr[arr % 2 == 0]
    return np.sum(even_numbers ** 2)

# 创建测试数据
arr = list(range(1, 100001))

# 测试原始代码性能
original_timer = timeit.Timer(lambda:sum_of_even_squares(arr))
original_time = original_timer.timeit(number=100)
print(f"Original code time:{original_time:.4f} seconds")

# 测试优化后代码性能
optimized_timer = timeit.Timer(lambda:sum_of_even_squares_optimized(arr))
optimized_time = optimized_timer.timeit(number=100)
print(f"Optimized code time:{optimized_time:.4f} seconds")
'''
```

说明

1. **原始代码**：通过显式的'for'循环和条件判断来计算所有偶数的平方和。

2. **优化代码**：使用'numpy'库来提高性能。'numpy'的数组操作通常比纯Python代码快很多，特别是在处理大数组时。

3. **性能测试**：使用'timeit'模块来测量两个版本代码的执行时间。通过'lambda'函数包装测试函数，确保'timeit. Timer'可以正确调用它们。

安装 numpy

如果你没有安装'numpy'，可以使用以下命令进行安装：

'''bash
pip install numpy
'''

运行上述完整代码，你将会看到原始代码和优化代码的执行时间，从而能够评估性能提升。

3.3.2.2 代码重构

代码重构是提升代码可读性和可维护性的关键步骤。大型语言模型人工智能可以提供重构建议和示例。

询问 GPT-4：

> 我有一段代码用于处理用户输入并输出结果，但代码结构有些混乱，请帮我重构一下。原始代码如下：
>
> '''python
> def process_input(user_input):
>   if user_input == "hello":
>   print("Hello,user!")
>   elif user_input == "bye":
>   print("Goodbye,user!")
>   elif user_input == "thanks":
>   print("You're welcome!")
>   else:
>   print("Unknown input. ")
>
> user_input = input("Enter your input:")
> process_input(user_input)

GPT-4 回答：

　　为了提高代码的结构和可读性，我们可以将不同的输入处理逻辑分离到单独的函数中，并使用一个字典来映射输入到相应的处理函数。这样不仅使代码更清晰，也更容易扩展。

下面是重构后的代码：

```python
def handle_hello():
    print("Hello,user!")

def handle_bye():
    print("Goodbye,user!")

def handle_thanks():
    print("You're welcome!")

def handle_unknown():
    print("Unknown input.")

def process_input(user_input):
    input_handlers = {
        "hello":handle_hello,
        "bye":handle_bye,
        "thanks":handle_thanks
    }

    handler = input_handlers.get(user_input,handle_unknown)
    handler()

user_input = input("Enter your input:")
process_input(user_input)
```

重构后的代码说明：

1. **定义处理函数**：为每种输入情况定义一个独立的处理函数（'handle_hello','handle_bye','handle_thanks','handle_unknown'）。

2. **使用字典映射**：在'process_input'函数中，使用一个字典'input_han-dlers'将用户输入映射到相应的处理函数。

3. **调用处理函数**：通过'input_handlers. get（user_input，handle_un-known）'获取相应的处理函数，如果输入不在字典中，则使用默认的'handle_unknown'函数。

这种结构使代码更清晰、更易于维护，并且可以很方便地添加新的输入处理逻辑。

通过以上介绍，读者可以了解到如何利用大型语言模型人工智能进行代码优化和重构，从而提升代码的性能和可维护性。

3.4 故障诊断与解决：大型语言模型人工智能在定位和修复编程问题中的作用

故障诊断与解决是编程过程中常见的难题，大型语言模型人工智能在这方面提供了实时辅助。通过这些模型辅助的错误分析和 bug 修复策略，程序员可以更快速地定位和解决复杂的技术问题，减少了调试和修复的时间。

本节将详细探讨如何利用大型语言模型人工智能进行故障诊断与解决。首先，介绍大型语言模型人工智能如何通过智能错误分析技巧，帮助程序员快速识别代码中的错误。其次，讨论结合大型语言模型人工智能进行 bug 修复的有效策略，展示如何利用这些工具来优化和改进代码的稳定性和性能。

通过本节的学习，读者将能够理解并应用大型语言模型人工智能在编程故障诊断和解决中的实际方法，提高编程效率和代码质量。本节详细讲解大型语言模型人工智能在这一领域的实际应用，帮助读者在日常编程工作中充分发挥其辅助作用。

3.4.1　AI 辅助下的错误分析技巧

在编程过程中，错误分析是定位和解决问题的关键步骤。大型语言模型人工智能能够通过多种技术手段，帮助程序员更高效地进行错误分析。代码错误诊断和逻辑错误分析是两种常用的 AI 辅助错误分析技巧。

3.4.1.1　代码错误诊断

大型语言模型人工智能可以快速识别代码中的语法错误和潜在的漏洞。通过与这些模型进行互动，程序员能够迅速了解代码中存在的问题，并获取相关的修复建议。

询问 GPT-4：

程序员在开发一个 Web 应用时遇到一个问题，某段 Python 代码涉及用户输入处理，存在安全隐患。代码如下：

```python
import sqlite3

def get_user_info(user_id):
    conn = sqlite3.connect('users.db')
    cursor = conn.cursor()
    query = "SELECT * FROM users WHERE id = " + user_id
    cursor.execute(query)
    result = cursor.fetchall()
    conn.close()
    return result
```

程序员想了解这段代码存在的问题及如何修复。

GPT-4 回答：

这段代码存在一个严重的安全问题，即 SQL 注入漏洞。SQL 注入是指攻击者通过在用户输入中插入恶意 SQL 代码，从而操控数据库查询，以达到未授权访问或破坏数据的目的。

在你的代码中，'user_id' 是直接拼接到 SQL 查询字符串中的，这使得攻击者可以通过构造特殊的输入来改变查询的逻辑。例如，如果用户输入'" 1 OR 1=1"'，那么查询语句将变成：

```sql
SELECT * FROM users WHERE id = 1 OR 1=1
```

这将返回表中所有用户的数据，而不是预期的特定用户的信息。

要修复这个问题，应该使用参数化查询。参数化查询可以有效地防止 SQL 注入，因为数据库会将参数作为数据处理，而不是查询的一部分。下面是修复后的代码：

```python
import sqlite3

def get_user_info(user_id):
    conn = sqlite3.connect('users.db')
    cursor = conn.cursor()
    query = "SELECT * FROM users WHERE id = ?"
    cursor.execute(query, (user_id,))
    result = cursor.fetchall()
    conn.close()
    return result
```

在这个修复后的版本中，查询字符串中的'?'是一个占位符，'user_id'作为一个参数传递给'execute'方法。这种方法确保用户输入被正确地转义和处理，避免了 SQL 注入攻击。

总结：
1. 使用参数化查询来防止 SQL 注入。
2. 永远不要直接将用户输入拼接到 SQL 查询字符串中。

这样处理后，代码不仅更加安全，还更容易维护和阅读。

3.4.1.2 逻辑错误分析

大型语言模型人工智能不仅可以检测语法错误，还能够帮助分析代码中的逻辑错误。这些模型通过理解代码的意图和逻辑结构，提供有针对性的建议来修正逻辑上的问题。

询问 GPT-4：

下面的 Python 代码试图找到一个列表中的最大值，但结果似乎不正确，请找出并解释错误：

def find_max(numbers):

```
    max_value = 0
    for num in numbers：
        if num > max_value：
            max_value = num
    return max_value

numbers = [-1,-2,-3,-4,-5]
result = find_max(numbers)
print(f"The maximum value is：{result}")
```

GPT-4 回答：

　　你的代码的问题在于初始值 'max_value = 0'。当列表中的所有数字都是负数时，没有一个数字会大于 0，因此 'max_value' 保持为 0，不会被更新。

你可以通过将 'max_value' 初始化为列表中的第一个元素来解决这个问题。这样，无论列表中的数字是正数还是负数，函数都可以正常工作。

以下是修正后的代码：

```python
def find_max(numbers)：
    if not numbers：  # 检查列表是否为空
        return None
    max_value = numbers[0]
    for num in numbers：
        if num > max_value：
            max_value = num
    return max_value

numbers = [-1,-2,-3,-4,-5]
result = find_max(numbers)
print(f"The maximum value is：{result}")
```

在修正后的代码中，我们将 'max_value' 初始化为列表中的第一个元素。如果列表为空，函数将返回 'None'。这样就可以确保函数能够正确找到列表中的最大值。

通过上述示例可以看出，大型语言模型人工智能在错误分析中发挥了重要作用，帮助程序员更快速地定位和解决代码问题，提高了编程效率和代码质量。

3.4.2　结合 AI 进行 bug 修复的方法

大型语言模型人工智能在 bug 修复方面有着显著的优势。通过结合运行时报错信息和日志数据，这些模型可以帮助程序员更高效地定位和修复代码中的问题。日志分析和运行时错误诊断是两种常用的方法。

注意：在使用大型语言模型人工智能时，不要将敏感日志信息或运行时信息直接提供给线上模型。可以通过去掉或替换敏感信息来保护数据安全，例如，将 IP 地址、用户名等敏感信息替换为占位符。

3.4.2.1　日志分析

日志文件记录了程序运行过程中的详细信息，是定位问题的重要资源。大型语言模型人工智能可以解析这些日志，识别出潜在的错误源并提供修复建议。

询问 GPT-4：

```
    下面是一段程序日志和相关代码片段，程序在运行时出现了异常，请帮
忙分析可能的问题并提供解决方案：

代码片段：
def process_data(data):
    result = data['key']
    return result

日志：
2024-06-10 10:15:32,123 - ERROR - Exception occurred in function process_data
Traceback (most recent call last):
  File "main.py",line 22,in <module>
    process_data(data)
  File "main.py",line 14,in process_data
    result = data['key']
TypeError:list indices must be integers or slices,not str
```

GPT-4 回答：

根据提供的代码片段和日志，异常的类型是 'TypeError'，其原因是尝试用字符串 'key' 作为索引访问一个列表对象。列表的索引必须是整数或切片，而不是字符串。

分析步骤

1. **查看错误日志**：
   - 日志中显示错误发生在 'main.py' 的第 22 行，该行调用了 'process_data(data)' 函数。
   - 在 'process_data' 函数的第 14 行，代码尝试通过 'data['key']' 访问数据。

2. **错误原因**：
   - 'TypeError：list indices must be integers or slices, not str' 表明 'data' 变量是一个列表，而不是一个字典。因此，不能使用字符串作为索引。

解决方案

确保 'data' 是一个包含字典的列表，或者检查 'data' 的类型，并根据其类型处理数据。

方案 1：检查并处理 'data' 的类型

在 'process_data' 函数中添加类型检查，以确保 'data' 是字典：

```python
def process_data(data):
    if isinstance(data,dict):
        result = data.get('key','default_value')   # 使用 get 方法可以避免 Key-Error
    else:
        raise TypeError("Expected data to be a dictionary")
    return result
```

方案 2：确保传递正确的参数类型

在调用 'process_data' 函数之前，确保传递的 'data' 参数是字典类型。例如：

```python
data = {'key':'value'}
process_data(data)
```

如果 'data' 是一个列表，并且每个元素都是字典，可以遍历列表处理每个字典：

```python
def process_data_list(data_list):
    results = []
    for data in data_list:
        if isinstance(data,dict):
            result = data. get('key','default_value')
            results. append(result)
        else:
            raise TypeError("Each item in data_list must be a dictionary")
    return results

data_list = [{'key':'value1'},{'key':'value2'}]
process_data_list(data_list)
```

说明

在处理代码和日志信息时，建议屏蔽敏感信息。例如，避免直接显示具体的日志文件名和行号。可以用以下方式替换敏感信息：

```plaintext
Exception occurred in function <function_name>
Traceback (most recent call last):
  File "<filename>",line <line_number>,in <module>
    <function_name>(data)
  File "<filename>",line <line_number>,in <function_name>
    result = data['key']
```

```
TypeError:list indices must be integers or slices,not str
'''
```

这样既能保护敏感信息，又能清晰表达问题所在。

3.4.2.2   运行时错误诊断

运行时错误通常比静态代码错误更难定位。大型语言模型人工智能能够根据错误信息和堆栈追踪信息，提供详细的诊断报告和修复建议。

询问 GPT-4：

程序运行时出现了以下错误，请帮忙诊断问题并提供修复建议。

代码片段
```
def connect_to_database(config):
    connection = create_connection(config['host'],config['port'])
    return connection

db_config = {'port':3306}
connect_to_database(db_config)
```

错误信息
```
Traceback (most recent call last):
  File "script.py",line 35,in <module>
  connect_to_database(db_config)
  File "script.py",line 20,in connect_to_database
  connection = create_connection(config['host'],config['port'])
KeyError:'host'
```

GPT-4 回答：

根据提供的代码片段和错误信息，问题出在尝试使用 'config['host']' 访问 'db_config' 中的 'host' 键，而 'db_config' 中没有 'host' 键，导致抛出 'Key-Error' 异常。

分析步骤

1. **查看错误日志**：
   - 日志中显示错误发生在 'script.py' 的第 35 行，该行调用了 'connect_to_database (db_config)' 函数。

- 在 'connect_to_database' 函数的第 20 行，代码尝试通过 'config［'host'］'
访问配置数据。

2. **错误原因**：
 - 'KeyError:'host'' 表明 'db_config' 字典中缺少 'host' 键。

解决方案

确保 'db_config' 字典包含 'host' 键，或者在访问之前检查并提供默认值。

方案 1：在 'db_config' 字典中添加 'host' 键

确保在 'db_config' 字典中包含所需的 'host' 键：

```python
db_config = {'host':'localhost','port':3306}
connect_to_database(db_config)
```

方案 2：在函数中提供默认值

在 'connect_to_database' 函数中检查 'host' 键，如果缺失则提供默认值：

```python
def connect_to_database(config):
    host = config.get('host','localhost')
    port = config.get('port',3306)
    connection = create_connection(host,port)
    return connection
```

说明

提供默认值的方法可以避免在缺少键时抛出 'KeyError'，同时也使代码更加健壮。确保在实际应用中处理所有必要的配置参数，避免因为配置缺失导致程序崩溃。

敏感信息屏蔽建议

在处理错误信息时，可以用以下方式屏蔽敏感信息。

```plaintext
Traceback (most recent call last):
  File "<filename>", line <line_number>, in <module>
    <function_name>(config)
  File "<filename>", line <line_number>, in <function_name>
    connection = create_connection(config['host'], config['port'])
KeyError: 'host'
```

这样既能保护敏感信息，又能清晰表达问题所在。

希望这些建议能帮助你解决问题。如果有更多问题，欢迎随时提问。

在回答的末尾，AI甚至告诉用户，需要替换掉调试日志中的敏感信息以避免泄露隐私。

3.4.2.3 如何有效利用大型语言模型人工智能排查故障

要充分利用大型语言模型人工智能来排查故障，程序员需要提供尽可能多的相关信息，类似于向人类专家咨询时所提供的信息。以下是一些建议。

（1）提供完整的错误信息：包括完整的错误消息和堆栈追踪信息。

（2）附上相关的代码片段：确保包含可能导致错误的代码部分。

（3）描述出现问题的上下文：说明错误发生的场景，输入数据和预期行为。

（4）隐藏敏感信息：在提交之前，将任何敏感信息（如IP地址、用户名、密码等）替换为占位符或删去。

询问GPT-4：

程序在处理数据时遇到错误，以下是相关的代码片段和错误日志。

代码片段
```
def fetch_data_from_api(url, params):
    response = requests.get(url, params=params)
    return response.json()

data = fetch_data_from_api('http://api.example.com/data', {'key': 'value'})
```

日志

2024-06-10 10:15:32,123 - ERROR - Exception occurred in function fetch_data_ from_api

Traceback（most recent call last）:

　File "main. py",line 22,in <module>

　　data = fetch_data_from_api（'http://api. example. com/data',{'key':'value'}）

　File "main. py",line 10,in fetch_data_from_api

　　return response. json（）

　File "/usr/local/lib/python3. 8/site-packages/requests/models. py", line 900, in json

　　return complexjson. loads(self. text, ** kwargs)

　File "/usr/local/lib/python3. 8/json/__init__. py",line 357,in loads

　　return _default_decoder. decode(s)

　File "/usr/local/lib/python3. 8/json/

'''plaintext

/decoder. py",line 337,in decode

　　obj,end = self. raw_decode(s,idx=_w(s,0). end())

　File "/usr/local/lib/python3. 8/json/decoder. py",line 355,in raw_decode

　　raise JSONDecodeError（"Expecting value",s,err. value）from None

json. decoder. JSONDecodeError:Expecting value:line 1 column 1（char 0）

GPT-4 回答:

　　根据提供的代码片段和错误日志，问题出在 'response. json（）' 方法尝试解析服务器响应内容时，服务器返回的内容不是有效的 JSON 格式，导致 'JSONDecodeError' 异常。

分析步骤

1. ** 查看错误日志 **：

　- 日志中显示错误发生在 'main. py' 的第 22 行，该行调用了 'fetch_data_ from_api('http://api. example. com/data',{'key':'value'})' 函数。

　- 在 'fetch_data_from_api' 函数的第 10 行，代码尝试通过 'response. json （)' 解析响应内容。

- 错误类型为 'JSONDecodeError'，表明响应内容不是有效的 JSON 格式。

2. **错误原因**：
   - 服务器可能返回了空响应或非 JSON 格式的内容。

解决方案

1. **检查 HTTP 响应状态码**：
   在尝试解析 JSON 之前，先检查 HTTP 响应状态码，确保请求成功。

2. **处理异常情况**：
   如果响应不是有效的 JSON 内容，可以记录错误日志或返回一个默认值。

更新后的代码

```python
import requests
import logging

logging.basicConfig(level=logging.ERROR)

def fetch_data_from_api(url, params):
    try:
        response = requests.get(url, params=params)
        response.raise_for_status()    # 检查 HTTP 响应状态码
        return response.json()
    except requests.exceptions.HTTPError as http_err:
        logging.error(f"HTTP error occurred: {http_err}")
    except requests.exceptions.RequestException as req_err:
        logging.error(f"Request error occurred: {req_err}")
    except ValueError as json_err:
        logging.error(f"JSON decode error occurred: {json_err}")
    return None    # 返回一个默认值或处理错误

data = fetch_data_from_api('http://api.example.com/data', {'key':'value'})
```

说明

- **检查响应状态码**：使用 'response. raise_ for_ status（）' 方法检查 HTTP 响应状态码，如果状态码不是 200，则会抛出 'HTTPError' 异常。
- **捕获请求异常**：捕获 'requests' 模块中的各种异常（如网络错误、连接超时等），记录错误日志。
- **处理 JSON 解析异常**：捕获 'ValueError' 异常（'response. json（）' 抛出的异常），记录错误日志。

敏感信息屏蔽建议

在处理错误信息时，可以用以下方式屏蔽敏感信息：

```plaintext
Traceback（most recent call last）：
  File "<filename>"，line <line_number>，in <module>
   data = fetch_data_from_api（'<url>'，{'key'：'value'}）
  File "<filename>"，line <line_number>，in fetch_data_from_api
   return response. json（）
  File "/usr/local/lib/python3. 8/site-packages/requests/models. py"，line 900，in json
   return complexjson. loads（self. text，** kwargs）
  File "/usr/local/lib/python3. 8/json/__init__. py"，line 357，in loads
   return _default_decoder. decode（s）
  File "/usr/local/lib/python3. 8/json/decoder. py"，line 337，in decode
   obj，end = self. raw_decode（s，idx = _w（s，0）. end（））
  File "/usr/local/lib/python3. 8/json/decoder. py"，line 355，in raw_decode
   raise JSONDecodeError（"Expecting value"，s，err. value）from None
json. decoder. JSONDecodeError：Expecting value：line 1 column 1（char 0）
```

这样既能保护敏感信息，又能清晰表达问题所在。

希望这些建议能帮助你解决问题。如果有更多问题，欢迎随时提问。

通过上述示例可以看出，提供详细的上下文信息、错误日志和代码片段，可以帮助大型语言模型人工智能更准确地诊断和解决问题。这就像向人类专家咨询一样，详细的信息是高效解决问题的关键。

3.5　综合开发支持：AI 如何全面提升编码效率

在本章前面的部分已经探讨了 AI 在编程效率提升方面的多个应用实例，包括 AI 入门辅导、自动化测试与代码验证、代码逆向与重构以及故障诊断与解决。本节将进一步讨论大型语言模型人工智能如何在综合开发支持中发挥作用，全面提升编码效率。

本节内容主要分为三个部分。

首先，介绍如何利用大型语言模型人工智能生成代码。这部分内容将展示 AI 在生成代码片段、自动补全以及解决常见编程问题中的应用，帮助程序员更快地完成开发工作。

其次，探讨 AI 辅助的代码评审。通过具体实例，读者将了解如何利用 AI 进行代码审查、识别潜在问题并提供优化建议，从而提高代码质量和可靠性。

最后，讨论如何将 AI 集成到开发工具中。通过介绍一些常见的 AI 集成工具和技术，展示如何在日常开发环境中充分利用大型语言模型人工智能的优势，提升开发效率和团队协作能力。

通过本节内容，读者将了解大型语言模型人工智能在软件开发中的多种应用场景，并掌握相关技巧，以在实际开发中提高工作效率和代码质量。

3.5.1　代码生成技巧：利用 AI 加速编码任务

代码生成已经成为程序员提高效率的重要工具。市面上有多种主流的代码生成模型（包括收费和开源的解决方案），这些模型可以帮助程序员高效完成编码任务。

常见的代码生成模型如下。

· GitHub Copilot：由 GitHub 在 2021 年推出，基于 OpenAI 的大型语言模型，个人订阅版每月收费 10 美元。

· Google CodeGemma：谷歌推出的代码生成模型。

· CodeQwen1.5：阿里巴巴推出的开源代码生成模型。

· Code Llama：Meta 推出的代码生成模型。

即使没有这些专门用来生成代码的模型，读者也可以使用 ChatGPT 生成代码。下面本书通过示例来展示如何利用 ChatGPT 生成代码，并对比不同提示词的效果。

3.5.1.1　提供详细的需求

为了生成更为可用的代码，程序员需要提供详细的需求说明。下面两个示例展示了不同详细程度的提问如何影响代码生成结果。

询问 GPT-4（说明过于简单）：

> 请帮我写一个 Python 脚本，连接到一个 API 并获取数据，然后将结果保存到本地文件。

GPT-4 回答：

> 当然，我可以帮助你编写一个 Python 脚本来连接到 API 获取数据，并将结果保存到本地文件。以下是一个示例脚本，它使用′requests′库来连接到 API 并获取数据，然后将数据保存到一个 JSON 文件中。
>
> 假设我们要连接到一个公开的 API（例如 GitHub 的公共 API）来获取用户信息。
>
> ```python
> import requests
> import json
>
> def fetch_data(api_url, output_file):
>     try:
>         response = requests.get(api_url)
>         response.raise_for_status()  # 如果响应状态码不是 200，引发 HTTPError
>
>         data = response.json()   # 将响应内容解析为 JSON 格式
>
>         with open(output_file, 'w') as file:
>             json.dump(data, file, indent=4)   # 将 JSON 数据写入文件，格式化为 4 个空格缩进
>
>         print(f"数据已成功保存到 {output_file}")
>
>     except requests.exceptions.HTTPError as http_err:
>         print(f"HTTP 错误发生：{http_err}")
>     except Exception as err:
>         print(f"其他错误发生：{err}")
>
> if __name__ == "__main__":
> ```

```
    api_url = "https://api.github.com/users/octocat"
    output_file = "user_data.json"
    fetch_data(api_url,output_file)
'''
```

这个脚本做了以下几件事。

1. 导入必要的库：'requests'用于 HTTP 请求，'json'用于处理 JSON 数据。
2. 定义一个函数'fetch_data'，它接受 API 的 URL 和输出文件的文件名作为参数。
3. 使用'requests.get'发送 GET 请求到指定的 API URL。
4. 检查响应状态码，如果不是 200 则引发一个 HTTPError。
5. 将响应内容解析为 JSON 格式。
6. 将解析后的 JSON 数据写入到本地文件中。
7. 捕获并处理可能发生的 HTTP 错误和其他异常。

你可以修改'api_url'变量来连接到不同的 API，也可以根据需要更改'output_file'的文件名。如果你有任何具体的 API 或数据格式要求，请告诉我，我可以进一步定制这个脚本。

询问 GPT-4（有详细说明）：

请帮我写一个 Python 脚本，连接到一个 API，使用 GET 方法获取数据，API 的 URL 是'https://api.example.com/data'，需要传递一个参数'key'，值为'sample_value'。获取数据后，请将 JSON 格式的结果保存到本地文件'data.json'。同时，需要处理可能出现的网络错误和 JSON 解析错误，并在发生错误时记录日志。

GPT-4 回答：

以下是一个 Python 脚本，连接到指定的 API，获取数据并将结果保存到本地文件，同时处理可能出现的网络错误和 JSON 解析错误，并记录日志：

```python
import requests
import json
import logging

# 设置日志配置
```

```python
logging.basicConfig(filename='error.log', level=logging.ERROR,

format='%(asctime)s:%(levelname)s:%(message)s')

# API URL 和参数
api_url = 'https://api.example.com/data'
params = {'key':'sample_value'}

try:
    # 发送 GET 请求
    response = requests.get(api_url, params=params)
    response.raise_for_status()    # 检查 HTTP 请求是否成功

    # 解析 JSON 响应
    data = response.json()

    # 将 JSON 数据保存到本地文件
    with open('data.json', 'w') as json_file:
        json.dump(data, json_file, indent=4)

    print("Data has been successfully fetched and saved to data.json.")

except requests.exceptions.RequestException as e:
    # 捕获所有请求相关的错误
    logging.error(f"Network error occurred:{e}")
    print("A network error occurred. Please check the error log for more details.")

except json.JSONDecodeError as e:
    # 捕获 JSON 解析错误
    logging.error(f"JSON decode error occurred:{e}")
    print("A JSON decode error occurred. Please check the error log for more details.")

except Exception as e:
    # 捕获其他可能的错误
    logging.error(f"An unexpected error occurred:{e}")
    print("An unexpected error occurred. Please check the error log for more details.")
```

```
'''

这个脚本做了以下几件事。
1. 设置日志配置，将错误信息记录到 'error. log' 文件中。
2. 定义 API 的 URL 和参数。
3. 发送 GET 请求获取数据。
4. 检查请求是否成功，如果成功，则解析 JSON 响应并将其保存到 'data. json'
文件中。
5. 处理可能出现的网络错误和 JSON 解析错误，并记录这些错误。

请将此脚本保存为 '. py' 文件，并在适当的环境中运行。确保您的环境已经
安装了 'requests' 模块，如果没有，可以通过以下命令安装：

'''bash
pip install requests
'''
```

通过对比可以看出，详细的需求说明可以帮助大型语言模型生成更符合预期的代码。清晰描述需求和步骤是关键，能够显著提高代码的质量和可用性。详细的提示不仅能让生成的代码更完整，还能处理更多的细节和异常情况，使代码更加健壮和实用。

虽然不需要精通编程语法，但拥有基础的计算思维是必不可少的。计算思维包括对问题的分解、模式识别、抽象思维和算法设计。通过这些思维方式，程序员能够更清晰地表达需求。比如，在描述一个代码生成任务时，不仅要说明最终目标，还要详细描述每一步如何实现，如何处理输入数据，如何处理可能出现的异常，如何输出结果等。这种详细的步骤描述能帮助大型语言模型生成更贴合需求的代码，提高其实用性和可靠性。

3.5.1.2　多轮对话更正

有时，生成的代码可能并不完全符合需求，这时可以通过多轮对话与大型语言模型互动进行更正和优化。这种互动方式就像与人类专家咨询一样，通过不断沟通和反馈，最终得到理想的解决方案。

需要注意的是，使用者需要具备足够的代码评审能力，才能快速看出生成的代码有哪些地方不满足需求。如果代码经验不足，看不出问题所在，就很难通过多轮对话生成符合要求的代码。因此，经验丰富的程序员在使用大型语言模型生成代码时，更容易得到更好的结果。

询问 GPT-4：

请帮我写一个 Python 脚本，用于从 CSV 文件读取数据并计算每列的平均值。

GPT-4 回答：

当然，这里是一个读取 CSV 文件并计算每列平均值的 Python 脚本：

```python
import pandas as pd

def calculate_column_means(file_path):
    data = pd.read_csv(file_path)
    return data.mean()

# 示例使用
file_path = 'data.csv'
means = calculate_column_means(file_path)
print(means)
```

询问 GPT-4：

这个脚本没有处理文件不存在或者格式不对的情况，请添加这些异常处理，并记录错误日志。

GPT-4 回答：

好的，这里是添加了异常处理的 Python 脚本：

```python
import pandas as pd
import logging

logging.basicConfig(filename='app.log', level=logging.ERROR)

def calculate_column_means(file_path):
    try:
        data = pd.read_csv(file_path)
```

```
        return data. mean( )
    except FileNotFoundError as e:
        logging. error(f"File not found:{e}")
    except pd. errors. EmptyDataError as e:
        logging. error(f"Empty data:{e}")
    except pd. errors. ParserError as e:
        logging. error(f"Parsing error:{e}")

# 示例使用
file_path = 'data. csv'
means = calculate_column_means(file_path)
if means is not None:
    print(means)
'''
```

询问 GPT-4：

请进一步改进代码，处理 CSV 文件包含空值的情况，计算平均值时忽略空值。

GPT-4 回答：

好的，这里是处理了空值的 Python 脚本：

```python
import pandas as pd
import logging

logging. basicConfig(filename='app. log',level=logging. ERROR)

def calculate_column_means(file_path):
    try:
        data = pd. read_csv(file_path)
        return data. mean(skipna=True)
    except FileNotFoundError as e:
        logging. error(f"File not found:{e}")
    except pd. errors. EmptyDataError as e:
```

```
        logging. error(f" Empty data:{e}" )
    except pd. errors. ParserError as e:
        logging. error(f" Parsing error:{e}" )

# 示例使用
file_path = 'data. csv'
means = calculate_column_means(file_path)
if means is not None:
    print(means)
'''
```

通过这样逐步细化需求，读者可以逐步完善代码，确保生成的代码更加符合实际需求并具备更高的可用性。详细的提示词和逐步改进的对话方式，可以让代码生成过程更加精确和可靠。优秀的程序员利用其丰富的编写和审阅代码的经验，通过多轮对话继续让其修改，会更容易生成高质量的代码。

3.5.2　大型语言模型人工智能辅助的代码审阅

大型语言模型人工智能在代码审阅过程中能帮程序员发现很多潜在问题，还能给出优化建议。本节介绍模型如何在代码质量检测和代码改进方面提供帮助。

3.5.2.1　代码质量检测

传统的自动审阅工具只能进行简单的静态语法错误检测，或者虽然可以进行逻辑检测，但规则比较复杂，比如 CodeQL 的规则设置。而利用大型语言模型人工智能，不仅能轻松进行语法检测，还能处理更复杂的逻辑检测，让代码审阅变得简单高效。

询问 GPT-4：

```
    请审阅这段 Python 代码，找出可能的问题并给出改进建议：

'''python
def fetch_data_from_api( url) :
    response = requests. get(url)
    data = response. json( )
    return data

result = fetch_data_from_api( 'http://api. example. com/data')
print(result)
'''
```

GPT-4 回答：

　　这里有几点改进建议。

1. 没有处理网络请求失败的情况，建议加上异常处理。
2. 对返回的 JSON 数据没有进行验证，建议检查数据结构。

改进后的代码：

```python
import requests
import logging

logging.basicConfig(filename='app.log', level=logging.ERROR)

def fetch_data_from_api(url):
    try:
        response = requests.get(url)
        response.raise_for_status()    # 检查请求是否成功
        data = response.json()
        return data
    except requests.RequestException as e:
        logging.error(f"请求失败：{e}")
    except ValueError as e:
        logging.error(f"无效的 JSON：{e}")
        return None

result = fetch_data_from_api('http://api.example.com/data')
if result:
    print(result)
```

3.5.2.2　结对编程

　　大型语言模型人工智能还能作为结对编程伙伴，帮助开发者在编写代码时及时发现问题并提出改进建议。以下是一个结对编程的例子，展示如何通过与 AI 合作改进代码。

　　询问 GPT-4：

我需要写一个 Python 脚本，读取一个包含学生成绩的 CSV 文件，然后计算每个学生的平均成绩，并将结果写入另一个 CSV 文件。你能帮我吗？

GPT-4 回答：

当然，这里是一个 Python 脚本，读取学生成绩的 CSV 文件并计算平均成绩，然后将结果写入另一个 CSV 文件：

```python
import pandas as pd

def calculate_average_grades(input_file, output_file):
    data = pd.read_csv(input_file)
    data['Average'] = data.mean(axis=1)
    data.to_csv(output_file, index=False)

# 示例使用
input_file = 'student_grades.csv'
output_file = 'student_averages.csv'
calculate_average_grades(input_file, output_file)
```

询问 GPT-4：

这个脚本看起来不错，但我需要处理文件不存在的情况，并且要在结果文件中只包含学生姓名和平均成绩。能帮我改进一下吗？

GPT-4 回答：

好的，这里是改进后的 Python 脚本，处理文件不存在的情况，并在结果文件中只包含学生姓名和平均成绩：

```python
import pandas as pd
import os

def calculate_average_grades(input_file, output_file):
    if not os.path.exists(input_file):
```

```
        print(f" 文件 {input_file} 不存在。")
        return

    data = pd. read_csv( input_file )
    data[ 'Average' ] = data. mean( axis = 1 )
    result = data[ [ 'Name', 'Average' ] ]
    result. to_csv( output_file, index = False )

# 示例使用
input_file = 'student_grades. csv'
output_file = 'student_averages. csv'
calculate_average_grades( input_file, output_file )
'''
```

通过与大型语言模型人工智能进行结对编程，读者可以在编写代码的过程中及时发现问题并改进代码。这种互动方式不仅提高了代码质量，还加快了开发进程。

3.5.3　AI 集成开发工具与自动化项目管理

人工智能正在重塑软件开发的面貌。本节将概述当前 AI 驱动的开发工具和自动化项目管理解决方案的最新趋势。本节还会介绍几款主流的 AI 辅助开发工具，探索创新的开源项目，以及展望 AI 在软件开发中的未来应用。这些工具和方法正在显著提高代码生成效率，简化项目管理流程，从而为整个软件开发领域带来革命性的变革。

3.5.3.1　主流 AI 辅助开发工具

GitHub Copilot。GitHub 与 OpenAI 合作推出的 AI 编程助手，能实时补全代码并生成代码片段。支持多种主流 IDE，月费 10 美元。Copilot 的成功充分证明了 AI 在开发工具中的重要性和广阔前景。

Gemini 代码助手。谷歌开发的智能代码辅助工具，支持 20 多种编程语言，可在多个 IDE 中使用。其强大的代码补全和生成能力大大提高了开发效率。

Swift Assist。苹果公司在 Xcode 16 中引入的 Swift 专用编程助手，旨在提升 Swift 开发的效率和体验。这进一步印证了 AI 在集成开发环境中的重要地位。

3.5.3.2　创新开源项目

gpt-pilot。号称"首个真正的 AI 开发者"，不仅生成代码，还能根据需求自动创建和管理整个项目，大幅简化开发流程。有兴趣了解更多可以在 GitHub 上搜索项目"Pythagora-io/gpt-pilot"。

MetaGPT。创新性地模拟软件开发公司的多角色协作模式，通过 AI 代理扮演不同角色（如领导、架构师、开发者等），形成高效的虚拟开发团队。有兴趣了解更多可以在 GitHub 上搜索项目"geekan/MetaGPT"。

3.5.3.3 AutoDev AI 框架

微软在 2024 年 3 月通过一篇学术论文（arXiv：2403.08299）介绍了其 AutoDev AI 框架概念，展示了 AI 在全面自动化软件开发方面的潜力。该理论框架设想通过自主 AI 代理来执行各种软件开发任务，包括代码编写、测试、构建和版本控制等。根据论文描述，在 HumanEval 数据集上的模拟测试中，AutoDev 框架展现出令人瞩目的性能，在代码生成和测试生成方面分别达到 91.5% 和 87.8% 的成功率。这些理论成果揭示了 AI 在提升开发效率和保障代码质量方面的巨大潜力。值得注意的是，AutoDev 目前仍处于理论研究阶段，尚未对外开放或实际应用。然而，这项研究为未来 AI 驱动的软件开发提供了有价值的洞见和可能的发展方向。

3.5.3.4 AI 协同进行软件开发的未来展望

随着人工智能技术的迅猛发展，特别是大语言模型的广泛应用，软件开发正迎来前所未有的变革。这些技术不仅在代码生成、调试和项目管理等方面展现出巨大潜力，还在重塑开发者的角色与工作方式。未来，人工智能与人类开发者的深度协同将推动软件开发迈向一个更加智能、高效和创新的新时代。

人工智能技术的进步将显著提升开发效率与创新能力。当前，诸如 GitHub Copilot 之类的工具已经证明了其价值，许多开发者反馈这些工具改善了任务完成率。全球范围内，对人工智能技术的需求持续增长，市场规模不断扩大，这预示着大语言模型在软件开发中的应用将日益深化，成为行业进步的重要驱动力。

与此同时，大语言模型将降低编程的入门门槛，使更多人能够参与到软件开发中。借助人工智能的代码生成工具，经验丰富的开发者可以快速完成重复性任务，而非开发者和初学者则可以通过自然语言描述生成代码。这种技术进步不仅降低了技术壁垒，还将促进编程教育的普及，推动更多软件开发人才的培养。

开发者的角色也将因此发生深刻变化。未来，开发者将更多地聚焦于复杂问题的解决、创新设计和战略规划，而将代码初稿、文档生成及小型更新等例行任务交给人工智能处理。这种分工的转变使开发者能够将精力集中于高价值的创造性工作，从而提升软件产品的质量与创新水平。

人工智能与人类开发者的深度协作将开创软件工程的新范式。在这一模式下，人工智能不再仅作为辅助工具，而是参与到软件开发的各个环节，包括需求分析、设计、编码、测试和部署，实现全流程的智能化支持。例如，人工智能可以自动化生成测试用例、预测潜在错误并提供优化建议，从而提升开发效率和软件质量。

　　当然，人工智能协同开发也带来了一些挑战与伦理问题。技术依赖、数据隐私、人工智能输出的可靠性，以及潜在的就业替代和模型偏见等问题值得关注。未来，行业需要制定相应的标准与规范，以确保人工智能技术在公平、透明和负责任的前提下得到应用。

　　综上所述，人工智能协同进行软件开发的未来充满希望。通过技术的不断创新与实践探索，人工智能将与人类开发者携手，推动软件开发迈向更高境界，为社会进步和经济发展注入新的活力。

4 搭建个性化 AI 模型

想象一下，有一个专属于用户、能完全理解用户的需求并为用户量身定制解决方案的大型语言模型 AI，会是一种什么样的体验？本章将带读者深入探索如何打造这样一个个性化的 AI 模型，无论读者是在本地设备还是通过云服务来部署，都能找到合适的方法。

随着大型语言模型技术的发展，越来越多的人不再满足于"通用型"的 AI 应用，而是希望拥有属于自己的"私人定制"。这就像是把 AI 变成"个人助手"，让它不仅具备广泛的知识，还能理解用户工作的细节和偏好，协助用户更高效地完成任务。同时，通过私有化部署，个性化 AI 模型还可以更好地保证数据安全，确保敏感信息不会泄露。本章的内容将帮助读者从零开始，了解个性化 AI 模型的搭建过程，涵盖了模型选择、部署以及针对特定需求的调优。

不论读者是刚刚接触 AI，还是已经有一定的实践经验，本章都会通过简单易懂的语言和丰富的实践案例，帮助读者更好地理解如何使用大型语言模型人工智能来构建一个真正属于自己的工具。

4.1 个性化模型构建：在本地和云端部署 AI

在部署个性化的大型语言模型时，选择在哪里部署是一个重要的决策——是在本地还是在云端。不同的部署方式各有优缺点，取决于具体的应用场景、数据安全需求以及硬件资源。本节将深入探讨本地部署和云端部署的选择依据，并帮助读者找到最合适的部署方式。

本节内容将涵盖如何评估本地与云端部署的优劣势，如何根据需求选择最合适的模型框架，以及部署过程中需要注意的实际操作技巧。不论是选择本地还是云端部署，书中将提供详尽的指导，确保在搭建个性化 AI 模型时，能够获得稳定的性能和安全的环境。

通过对不同部署场景的讨论，读者将了解如何在企业环境或个人项目中最大限度地利用现有资源，充分发挥大型语言模型的潜力。本书希望帮助读者以最低的成本实现最佳效果，使个性化 AI 成为工作中的得力助手。

4.1.1 选择合适的模型

在构建个性化的大型语言模型时，选择合适的模型是至关重要的一步。不同的模型在功能、性能、资源需求以及易用性等方面各不相同，因此选择适合自己需求的模型可以大大提高开发效率和效果。本节将介绍如何在国内外的各大模型平台中挑选适合自己情况的模型。

4.1.1.1　国内外模型库与平台的选择

目前在国内外有多个知名的平台提供人工智能模型文件的托管服务，每个平台在模型支持、社区活跃度以及使用成本等方面都有所不同。大型语言模型作为一种人工智能模型，众多开源模型都托管在这些平台上进行分享和展示。以下是几个常见的平台。

Hugging Face：Hugging Face 是目前国际上最知名的开源模型平台之一，提供了丰富的大型语言模型，包括 Llama、Qwen 等多个版本都有在上面发布。它的优势在于拥有非常活跃的社区以及详尽的文档。

昇腾社区 ModelZoo：昇腾社区的 ModelZoo 提供了丰富的模型库，包含适用于中文的开源大型语言模型，并支持本地和云端部署。对于希望使用国产硬件并实现本地化的用户，昇腾社区的模型是一个理想选择。

阿里云 ModelScope：阿里云的 ModelScope 提供了多种大型语言模型，并支持云端部署。对于那些不想在本地搭建环境的用户，阿里云提供的云端模型可以减少部署的复杂度。

4.1.1.2　模型命名与含义解释

在模型社区中，用户经常会看到各种不同命名的大型语言模型，例如包含参数数量（如 7B、14B）以及量化方式（如 INT4、INT8）等。此外，还会看到一些实际的模型名称，例如"Llama-3.2-11B-Vision-Instruct""Qwen2.5-Coder-7B-Instruct-GPTQ-Int4""Llama-3.2-90B-Vision"以及"Llama-2-70B-Chat"。这些名称中的数字和后缀代表了模型的特性和使用场景。

（1）参数数量：例如，7B 表示模型有 70 亿个参数，而 11B 表示模型有 110 亿个参数。参数越多，模型越复杂，处理能力越强。

（2）版本信息：如"Llama-3.2"表示该模型是 Llama 系列的 3.2 版本，代表了模型的迭代更新。

（3）多模态支持：如"Vision"表示该模型支持视觉任务，意味着它具备处理和理解图像的能力，适用于多模态应用场景。

（4）针对任务的优化：例如，"Chat"表示该模型专为对话优化，适合会话、问答等交互任务；而"Instruct"表示该模型擅长执行指令，适用于特定任务的完成。这些标签只是粗略的区分，聊天模型也可以执行指令任务，指令模型也能用于对话，因此在使用上没有严格的限制。如果不确定，可以选择指令模型来进行对话任务。

（5）量化方式：如"GPTQ"表示模型的量化方法，用于降低计算复杂度和内存占用。相比原始模型，量化后的模型在内存占用和推理速度方面有明显优势，但可能会在精度上有所损失。

（6）量化后的参数大小：如"INT4"表示每个参数用 4 位二进制整数表示，以减少内存占用和计算量。如果没有在命名中体现量化信息，则需要查阅模型的具体文档来确认其参数表示方式，例如，Llama 模型通常使用的是 16 位浮点数（BF16）。相比浮点数表示，量化可以显著降低内存和计算需求，但可能会影响模型的精度。

通过理解这些命名方式，用户可以更好地评估模型的复杂度、用途和资源需求。以"Llama-3.2-11B-Vision-Instruct"为例，其中"Llama-3.2"表示该模型是 Llama 系列的 3.2 版本，表明其经过多个版本迭代优化；"11B"表示模型有 110 亿个参数；"Vision"表示该模型具备视觉处理能力，适用于需要图像理解和处理的多模态任务；"Instruct"表示该模型专为执行指令任务而优化，适合按照指令完成具体任务的应用场景。模型有 110 亿个参数，使用 16 位浮点数（BF16）表示，那么模型运行时所需的内存大约为 110 亿×16 位（即 2 字节），总共约为 20GB。如果没有在命名中明确标注量化信息，需要查阅模型文档来确认其具体的参数表示方式。

4.1.1.3　如何选择合适的模型

在选择模型时，用户需要结合自身的实际需求来进行综合评估。

（1）应用场景：针对不同的场景选择擅长此类任务的模型。可以查看各类排行榜，参考他人评测的结果，或根据模型的描述来选择最合适的模型。例如，如果主要处理多语言任务，可以选择排名较高的多语言模型；如果主要处理中文任务，可以选择像 ChatGLM 或 Qwen 这样的模型。

（2）硬件资源：在选择模型时，不仅需要考虑硬件资源是否充足，还需要评估模型是否能兼容运行。某些模型在不同硬件环境下有更好的兼容性和运行效率，用户应根据自己的硬件配置和实际需求选择合适的模型。例如，无论是英特尔还是高通，都对一些模型进行了转换，以便于自家芯片优化运行，并将这些模型发布在 Hugging Face 平台上，供用户选择最适合的硬件配置和应用场景的模型。

（3）部署方式：各种社区都支持直接使用社区的云计算资源进行云端部署，用户可以根据自身需求选择是否在本地或云端进行部署，以实现更灵活的开发和应用。云资源的优点是初始成本较低，无须购买专用硬件如显卡，但可能存在数据隐私方面的顾虑；而本地部署则需要较大的初始花费（例如购买高性能显卡），或者在不购买显卡的情况下，用户需要挑选能在现有条件下运行的较小模型，但本地部署对于数据和隐私保护更有优势。

（4）社区支持：Hugging Face 更国际化，但下载速度可能受到影响。而国内的社区，如昇腾社区，下载速度较快且无语言障碍，各有优劣。对于需要获取更多丰富模型或最新模型的用户，Hugging Face 的活跃社区和丰富的资源仍然是一个重要的加分项。不过，由于模型文件通常几 GB 到几十 GB，用户需要解决网络下载速度的问题。

通过对以上因素的考量，用户可以在众多模型中找到最适合自己需求的那个，从而最大化地发挥大型语言模型的潜力，提升个性化 AI 应用的效果。

4.1.2 本地与云端部署的步骤和技巧

在部署个性化大型语言模型时，选择本地部署还是云端部署取决于用户的具体需求和硬件条件。本节将介绍如何使用 Llamafile 进行简单的本地部署，以及如何在云端使用阿里云进行模型部署，帮助用户根据实际情况灵活选择最合适的部署方式。

4.1.3 本地部署步骤（使用 Llamafile）

在本地部署大型语言模型时，有许多开源项目可以帮助用户快速实现部署，例如 vLLM、Ollama、LM Studio、Llamafile 等。其中，Ollama 和 LM Studio 都基于 llama.cpp 进行支持。其中，Llamafile 是一个由 Mozilla 支持的项目，旨在让开源大型语言模型（LLM）更易于被开发者和终端用户访问。Llamafile 结合了 llama.cpp 与 Cosmopolitan Libc，将复杂的 LLM 部署简化为单个可执行文件（称为"llamafile"），支持 Linux、macOS 和 Windows 多平台，无须安装即可本地运行。用户只需下载单个文件即可运行模型，非常适合需要简单高效部署的场景。例如，LLaVA 是一个开源的聊天机器人，通过对 LLaMA/Vicuna 进行微调训练而成，基于 transformer 架构的自回归语言模型，是经过多模态优化的大型语言模型。通过 Llamafile，用户不仅可以进行对话，还可以上传图片并进行相关问题的解答，而所有数据都在本地处理，确保隐私安全。使用 Llamafile 进行本地部署非常简单，仅需几个步骤即可完成，无须繁杂的安装过程，适合想要快速体验和使用大模型的用户。

以 LLaVA 为例的本地部署步骤如下：首先需要完成环境准备工作，确保计算机满足基本硬件要求，建议配备至少 16GB 的内存或显存（具体数值取决于模型大小），同时需要支持运算的多核 CPU、GPU 或 NPU 等设备；其次需访问 Llamafile 的官方资源页面（可通过 GitHub 搜索"Llamafile"获取）或 Mozilla 在 Hugging Face 发布的 LLaVA 模型下载页面，下载适用于当前操作系统的 LLaVA 可执行文件，例如名为 llava-v1.5-7b-q4.llamafile 的 4.29GB 文件。

完成下载后进入运行阶段：对于 macOS 和 Linux 用户，首先通过命令"chmod+x llava-v1.5-7b-q4.llamafile"赋予文件执行权限（此操作仅需执行一次），随后输入 "./llava-v1.5-7b-q4.llamafile" 启动模型；Windows 用户则需要先将文件重命名为添加 ".exe" 扩展名的可执行文件，然后通过命令行运行该文件。运行成功后，浏览器将自动打开聊天交互界面，若未自动跳转，可通过手动访问 http://localhost：8080 进入操作界面。

4.1.4 云端部署步骤

在云端部署方面，各种云平台为了方便用户使用大模型，已经内置了许多大模型服务，用户无须在云服务器上自行部署大模型，而是可以直接使用一站式的大模型开发和应用构建平台。这些平台大大简化了部署流程，提供了丰富的模型和应用构建工具，使得大模型的使用更加便捷。例如，魔搭和 Hugging Face 都可以与相关云平台连接，以快速进行模型部署。魔搭可以与阿里云关联，快速创建实例，进一步降低了使用大模型的技术门槛。Hugging Face 也支持将模型快速部署到各大公有云平台，如 Amazon SageMaker、Azure ML 等，使得用户可以方便地利用这些云平台的强大计算资源来运行和管理大模型。

以阿里云百炼平台为例，用户可以进入百炼平台首页，在左侧选择模型体验类别（如文本模型、语音模型、视觉模型等）。选择模型类型后，在模型中心中进一步选择官方模型、我的模型或供应商提供的模型，例如通义、百川智能、零一万物等。进入具体模型页面后，即可直接开始与模型对话，平台提供了直观的界面，用户可以在几秒钟内配置并使用模型，而不需要进行复杂的服务器部署和环境设置。

百炼平台不仅支持通义大模型（包括文生文、图像理解与生成、音视频理解与生成、数学和法律等领域），还内置了众多主流的第三方大模型，例如 Llama、ChatGLM、零一万物、Stable Diffusion 等。

字节跳动的火山方舟大模型服务平台同样为开发者提供了企业级的大模型服务，涵盖模型训练、推理、评测、精调等全方位功能，重点支持大模型生态建设。这些云服务商提供的一站式大模型平台使得模型的部署和使用变得非常方便，模型类型丰富，支持文本生成、图像和语音生成等多种任务。

4.1.5 部署技巧

在部署过程中，需结合实际场景采取针对性策略。硬件资源管理方面：本地部署时，若硬件资源受限，可采用较小规模的模型或引入量化技术（如 INT8 量化），以降低内存与计算资源消耗；云端部署则需结合计费模式优化成本，例如按使用时长计费的平台可在非必要时段暂停服务，而按 token 数量计费的场景则需重点控制调用频次。部分云服务提供差异化计价策略，以 DeepSeek 为例，其 API 调用在夜间时段的费用成本显著降低，此类机制可作为成本控制的有效参考。

安全性设计需贯穿不同部署模式：本地环境下，虽然数据隐私性较强，仍需通过关闭冗余端口、配置防火墙等措施强化网络防护；云端 API 服务部署时，应优先完成安全组策略的精细化设置，仅开放必要通信端口，并强制启用 SSL 加密。值得注意的是，云服务商提供的安全组配置必须与业务需求严格对齐，避免因权限过度开放导致潜在风险。

模型性能优化需建立在对硬件环境的充分适配基础上：建议通过监测 CPU、NPU、GPU 等核心组件的利用率指标，识别性能瓶颈。当出现硬件资源未饱和使用时，需核查驱动安装完整性或配套软件支持情况，例如部分加速芯片需特定运行时库才能发挥最大效能。此外，可结合硬件特性选择优化方案，确保计算资源的高效利用。

4.2 个性化定制：RAG 技术与云平台模型微调

本书前面介绍的无论是离线还是在线的大模型，都是基于通用数据集进行训练的，这些模型在特定领域有时会出现所谓的"幻觉"问题，导致回答不准确甚至"一本正经地胡说八道"。为了解决这些问题，越来越多的应用场景对模型的个性化定制提出了更高的需求。例如，企业可能希望根据已有的文档资料生成特定领域的知识库，或者调整模型的回答方式以更符合用户的语气和风格，或者某部分知识存在问题需要针对性地根据问题进行调整。为了更高效地实现这些个性化需求，RAG 技术和云平台模型微调成为两种非常实用的方法。

检索增强生成（Retrieval-Augmented Generation，RAG）是一种将检索机制与生成模型结合的技术，通过引入外部知识库来增强模型的回答能力，尤其在本地环境中具有良好的适应性和轻量化特点。用户可以使用开源的工具和资源，在不需要深度修改模型的情况下，实现模型功能的增强，适合数据隐私要求较高的场景。

云平台的模型微调则是借助云服务商的强大计算资源和基础设施，对预训练的大型语言模型进行快速定制化训练。这种方法特别适合需要对模型进行特定领域优化的用户，可以通过云平台提供的"一站式"解决方案，以相对较低的成本获得高效的模型微调效果。

本节将介绍如何使用 RAG 技术来增强大型语言模型的能力，以及如何通过云平台进行模型微调，使模型能够更好地满足特定任务的需求。通过这两种方法，用户可以选择最适合自身应用场景的个性化定制方案，达到最佳的使用效果。

4.2.1 使用 RAG 实现模型增强

在线大型语言模型已经从最初不支持上传内容，发展到现在允许用户上传文件作为知识库。这一功能的改进，使得模型能够在特定领域内提供更加准确和个性化的回答。

RAG 技术正是基于这一理念，通过结合检索和生成，将外部知识与模型的生成能力相结合。RAG 首先从外部知识库或用户上传的文档中检索相关信息，然后将这些信息融入回答过程中，有效解决了模型在缺乏领域知识时的"幻觉"问题。

4.2.1.1 什么是 RAG 技术？

RAG 技术的工作流程可以概括为：当用户提出问题时，模型首先从预设的数据源中检索与问题相关的上下文信息，然后将这些信息与用户的问题一起传递给生成模型，以提高回答的准确性和针对性。

在 RAG 技术中，嵌入模型起到了关键作用。嵌入模型能够将文本数据转换为高维向量，使得系统可以基于语义相似度高效检索相关内容。例如，在用户上传的知识库中，嵌入模型会对文本进行向量化存储，并在查询时通过向量相似度搜索匹配最相关的内容。这种方式避免了传统关键词匹配的局限性，使得检索结果更加精准。

目前，许多在线大型语言模型服务已经提供了定制化功能。例如，ChatGPT 允许用户通过 GPTs 功能上传特定文档作为知识库；阿里云的通义千问支持"创建智能体"，用户可以上传 PDF 文件作为智能体的知识来源。这些功能通常会结合嵌入模型，将用户上传的文本转换为向量存储，并在用户提问时通过高效的向量搜索检索相关内容，提高回答的准确性和相关性。因此，如果在线服务支持上传文件作为知识库，并且能够进行语义检索，通常就是应用了 RAG 技术。

4.2.1.2 如何本地部署 RAG 技术？

要在本地部署支持 RAG 的大型语言模型，可以使用 llamafile 和 LlamaIndex 相结合，实现完全本地化的数据处理和模型推理。简化的部署步骤。

步骤一：下载并配置 llamafile

（1）从 Hugging Face 等平台获取预先构建的 llamafile 模型文件，如 TinyLlama-1.1B 模型。

（2）下载完成后，设置文件的可执行权限。

（3）启动 llamafile 服务器，以便后续与 LlamaIndex 进行集成。

步骤二：安装并配置 LlamaIndex

（1）安装 LlamaIndex 及其相关的依赖包。

（2）配置 LlamaIndex，使其使用 llamafile 提供的嵌入模型和语言模型，设置模型的基地址和参数。

步骤三：准备数据并构建索引

（1）加载本地数据，包括文档、PDF 等文本资料，供模型参考。

（2）加载网络数据，如网页内容，丰富数据源。

（3）使用 LlamaIndex 创建向量索引，实现高效的语义检索，并将索引保存到本地。

步骤四：进行查询和交互

（1）创建查询引擎，结合已配置的语言模型和索引，准备接受用户的查询。

（2）输入问题，获取模型的回答，实现智能问答功能。

通过查阅 LlamaIndex 官网手册进行以上步骤，读者可以在本地搭建一个支持 RAG 技术的智能问答系统，所有的数据处理和模型推理都在本地完成，确保数据的安全性和私密性。

4.2.1.3　使用 Ragflow 和 Ollama 的简便方法

除了上述方法，还可以使用 Ragflow 这样的开源项目，它集成了知识库管理和聊天机器人功能，并支持替换大型语言模型组件。Ragflow 采用 docker-compose 方式部署，并能够与 Ollama 本地部署的模型结合使用，从而简化整个部署流程。

通过 Ragflow 可以快速搭建一个支持知识库的聊天机器人，并且能够灵活替换模型和配置，适用于对编程和部署要求不高的用户。在使用时，可以根据嵌入模型和大语言模型部署的位置，选择不同的组合方式。既可以结合云端和本地端使用，也可以选择纯云端部署。不同的方案适用于不同的隐私需求，例如，如果数据隐私要求较高，可以选择本地部署的方式。

而如果对部署和维护完全不熟悉，也可以选择纯云端的现成产品，例如腾讯的 IMA，无须自行搭建和配置。根据腾讯官网介绍，IMA 是一款以知识库为核心的智能工作台产品，已接入腾讯混元大模型和 DeepSeek R1 模型满血版。在隐私性方面，使用 IMA 或类似的云端产品时，需要注意数据的存储方式和访问权限。这类产品的 RAG 功能通常依赖于将用户提供的资料上传至云端进行处理，例如 ChatGPT、通义千问、豆包等大多数在线大模型产品的聊天页面都支持上传文档或资料，以便在对话过程中参考。然而，使用此类功能时，应仔细评估所上传数据的敏感性，避免上传涉及隐私、机密或敏感信息的内容，以确保数据安全和合规性。

4.2.1.4　注意事项

本地运行大型语言模型需要较高的计算资源，具体取决于硬件平台。使用 GPU 时，显存大小和带宽是关键：显存不足可能导致模型无法加载或推理速度变慢，高带宽则能提升数据吞吐量，减少瓶颈。使用 CPU 时，主要依赖系统内存容量和访问速度：更大内存支持加载更大型的模型，较高带宽提高数据交换效率，影响推理性能。因此，选择硬件需综合考虑计算能力与任务需求，合理配置显存和内存，确保模型运行顺畅。

本地部署还带来数据隐私优势，所有数据在本地处理，避免敏感信息上传至远程服务器的风险，提升安全性，特别适合企业或机密场景。然而，这也伴随着较高技术门槛，涉及环境配置、模型优化和高效推理，需要编程和机器学习知识。若技术不足，可借助 Ragflow 等工具简化部署和维护。

4.2.1.5 RAG 技术的应用场景

RAG 技术在需要高准确性和专业性的场景下尤为适用。

（1）法律咨询：将法律法规、判例等文档导入系统，提供专业的法律意见。

（2）医学辅助：整合医学文献和病例数据，辅助诊断和治疗方案制定。

（3）企业知识库：构建内部知识管理系统，方便员工快速获取所需的信息。

通过本地部署 RAG 技术，读者可以充分利用自身的数据资源，打造一个高度定制化、性能优异的智能问答系统，提升业务效率和决策能力。

4.2.2 云平台上的模型微调

微调大型语言模型（LLMs）是一种在已有模型的基础上，利用特定领域或任务的数据集进一步训练的方法，使模型更加适应具体需求。这一过程不仅能提升模型在特定应用场景中的表现，还显著减少了从头训练所需的时间和计算资源。

4.2.2.1 LLMs 微调的典型应用场景

微调大型语言模型在多个领域展现了显著的应用价值，尤其在需要处理专业知识和特定任务的场景中。通过对模型进行针对性训练，可以大幅提升其在法律、金融、医学等领域的适应性，以及在情感分析、机器翻译等任务中的表现。以下从不同角度探讨微调 LLMs 的典型应用场景，结合具体案例说明其实际效用。

在领域适应性强化方面，微调使模型能够深度理解和生成特定行业的内容。以法律领域为例，国内开发的一些模型，如 LaWGPT 和 DISC-LawLLM，通过在大量法律文本上进行微调，能够准确生成合同条款或提供法律意见。这些模型基于基础架构如 Chinese-LLaMA 或 Baichuan，进一步结合法律语料训练，适用于法律咨询和司法任务支持。在金融领域，XuanYuan 2.0 和 DISC-FinLLM 通过微调金融新闻和财务报告数据，能够有效解读复杂的财务信息，服务于分析和多轮问答场景。医学领域同样受益匪浅，尤其是传统中医方向，DoctorGLM 和 Qibo 等模型在医疗对话和中医文献的基础上微调后，能够协助医生解读研究或为患者提供建议。这些案例表明，微调能显著提升模型在专业领域的实用性。

对于特定任务的优化，微调 LLMs 展现了其灵活性和高效性。以情感分析为

例，在国内金融新闻领域，使用 FinChina SA 数据集微调的 Chinese LLaMA Plus
模型，在细粒度情感分类任务中表现出色，准确率达到较高水平。这种优化适用
于金融市场的情绪监测和舆情分析。此外，微调也被广泛应用于机器翻译和信息
抽取任务。例如，通过针对社交媒体评论数据进行微调，模型能够更流畅地翻译
文本并提取关键信息，提升了处理非结构化数据的效率。这些应用显示，微调能
够让模型精准适配特定任务需求。

微调技术在消除模型偏见方面发挥着至关重要的作用，特别是在需要高度公
平性的场景中，例如招聘系统和内容审核平台。通过在多样化的数据集上进行微
调，模型能够有效减少在性别、种族等维度上的偏见，从而提升输出的公正性。
这一应用在全球范围内都具有重要意义，尤其是在多元文化和多民族的社会环
境中。

然而，微调 LLMs 通常需要大量的计算资源，尤其是 GPU 的支持。相比运行
模型进行推理，微调过程对硬件配置有着更高的要求。在本地进行模型微调可能
面临硬件资源不足的问题，云平台因此成为一个灵活且高效的解决方案。例如，
通过云平台部署和微调 Llama-3 或 Qwen2.5 模型，企业可以快速开发客服机器人
或行业应用。这种云端支持降低了本地硬件的依赖，提升了资源利用效率，使更
多企业能够受益于 LLMs 的微调技术。

4.2.2.2　阿里云的百炼平台上的模型微调

阿里云的百炼平台是一款一站式的大模型开发与应用构建平台，提供了丰富
的计算资源来进行模型微调。通过在云端进行微调，用户不仅节省了本地硬件的
投入，还能灵活地调整计算资源，满足不同规模和需求的微调任务。

在百炼平台上，用户可以根据需要选择合适的算力配置，包括多种类型的
GPU。平台支持上传自定义数据集，以便将模型微调为特定领域的应用。具体来
说，用户只需经过以下几个步骤。

（1）选择基础模型：从平台提供的预训练模型中选择需要微调的模型，包
括通用模型和特定领域模型。

（2）上传自定义数据集：将本地的数据集上传到云平台，作为微调的训练
数据。

（3）配置算力资源：根据模型规模和任务需求，选择适合的硬件资源。

（4）启动微调任务：一键启动微调，平台会自动进行训练，并提供实时的
进度和性能指标。

（5）应用微调后的模型：微调完成后，模型可直接用于推理，满足特定的
应用需求。

4.2.2.3　在云平台上进行模型微调的优势

通过云平台进行模型微调，用户可以做到：

（1）节省硬件成本：无须投资昂贵的计算设备。

（2）灵活配置资源：按需选择计算资源，避免资源浪费。

（3）降低技术门槛：云平台提供直观的操作界面和预配置环境，简化了微调流程。

（4）快速部署应用：微调后的模型可直接在云端部署，缩短了应用上线时间。

总之，借助云平台的支持，微调大型语言模型变得更加高效和便捷。模型能够更精准地满足各行业的需求，在特定场景和任务中取得优异的表现，为企业和个人带来实际的价值。

参 考 文 献

[1] Alpaydin E. Introduction to Machine Learning [M] . 4th ed. Cambridge: MIT Press, 2020: 1-712.

[2] Bishop C M. Pattern Recognition and Machine Learning [M]. New York: Springer, 2006: 1-738.

[3] Devlin J, Chang M W, Lee K, Toutanova K. BERT: Pre-training of deep bidirectional transformers for language understanding [J]. Proceedings of the 2019 Conference of the North American Chapter of the Association for Computational Linguistics: Human Language Technologies, 2019, 1: 4171-4186.

[4] Domingos P. The Master Algorithm: How the Quest for the Ultimate Learning Machine Will Remake Our World [M]. New York: Basic Books, 2015: 1-352.

[5] Duda R O, Hart P E, Stork D G. Pattern Classification [M]. 2nd ed. New York: Wiley-Interscience, 2000: 1-680.

[6] Goodfellow I, Bengio Y, Courville A. Deep Learning [M]. Cambridge: MIT Press, 2016: 1-800.

[7] Hastie T, Tibshirani R, Friedman J. The Elements of Statistical Learning: Data Mining, Inference, and Prediction [M]. 2nd ed. New York: Springer, 2009: 1-745.

[8] He K, Zhang X, Ren S, Sun J. Deep residual learning for image recognition [J]. Proceedings of the IEEE Conference on Computer Vision and Pattern Recognition, 2016: 770-778.

[9] Kingma D P, Welling M. Auto-encoding variational Bayes [J]. Proceedings of the 2nd International Conference on Learning Representations, 2014.

[10] Krizhevsky A, Sutskever I, Hinton G E. ImageNet classification with deep convolutional neural networks [J]. Communications of the ACM, 2017, 60 (6): 84-90.

[11] LeCun Y, Bengio Y, Hinton G. Deep learning [J]. Nature, 2015, 521 (7553): 436-444.

[12] Mitchell T M. Machine Learning [M]. New York: McGraw-Hill, 1997: 1-414.

[13] Mnih V, Kavukcuoglu K, Silver D, et al. Human-level control through deep reinforcement learning [J]. Nature, 2015, 518 (7540): 529-533.

[14] Murphy K P. Machine Learning: A Probabilistic Perspective [M]. Cambridge: MIT Press, 2012: 1-1104.

[15] Radford A, Narasimhan K, Salimans T, Sutskever I. Improving language understanding by generative pre-training [J]. OpenAI, 2018.

[16] Russell S, Norvig P. Artificial Intelligence: A Modern Approach [M]. 4th ed. Upper Saddle River: Prentice Hall, 2020: 1-1136.

[17] Schmidhuber J. Deep learning in neural networks: An overview [J]. Neural Networks, 2015, 61: 85-117.

[18] Silver D, Huang A, Maddison C J, et al. Mastering the game of Go with deep neural networks and tree search [J]. Nature, 2016, 529 (7587): 484-489.

[19] Sutton R S, Barto A G. Reinforcement Learning: An Introduction [M]. 2nd ed. Cambridge:

MIT Press，2018：1-552.

［20］ Vaswani A，Shazeer N，Parmar N，et al. Attention is all you need ［J］. Advances in Neural Information Processing Systems，2017，30：5998-6008.

［21］ Wang F，Yang J，Wang X，et al. Chat with ChatGPT on Industry 5.0：Learning and Decision-Making for Intelligent Industries ［J］. IEEE/CAA Journal of Automatica Sinica，2023，10 （4）：831-834.

［22］ Wang F，Miao Q，Li X，et al. What Does ChatGPT Say：The DAO from Algorithmic Intelligence to Linguistic Intelligence ［J］. IEEE/CAA Journal of Automatica Sinica，2023，10 （3）：575-579.

［23］ Wu T，He S，Liu J，et al. A Brief Overview of ChatGPT：The History，Status Quo and Potential Future Development ［J］. IEEE/CAA Journal of Automatica Sinica，2023，10（5）：1122-1136.

［24］ 鲍彤，章成志. ChatGPT 中文信息抽取能力测评——以三种典型的抽取任务为例 ［J］. 数据分析与知识发现，2023，7（9）：1-11.

［25］ 毕文轩. 生成式人工智能的风险规制困境及其化解：以 ChatGPT 的规制为视角 ［J］. 比较法研究，2023（3）：155-172.

［26］ 蔡士林，杨磊. ChatGPT 智能机器人应用的风险与协同治理研究 ［J］. 情报理论与实践，2023，46（5）：14-22.

［27］ 曹建峰. 迈向可信 AI：ChatGPT 类生成式人工智能的治理挑战及应对 ［J］. 上海政法学院学报（法治论丛），2023，38（4）：28-42.

［28］ 曹培杰，谢阳斌，武卉紫，等. 教育大模型的发展现状、创新架构及应用展望 ［J］. 现代教育技术，2024，34（2）：5-12.

［29］ 曹树金，曹茹烨. 从 ChatGPT 看生成式 AI 对情报学研究与实践的影响 ［J］. 现代情报，2023，43（4）：3-10.

［30］ 陈昌凤，张梦. 由数据决定？AIGC 的价值观和伦理问题 ［J］. 新闻与写作，2023（4）：15-23.

［31］ 程乐. 生成式人工智能的法律规制——以 ChatGPT 为视角 ［J］. 政法论丛，2023（4）：69-80.

［32］ 陈静远，胡丽雅，吴飞. ChatGPT/生成式人工智能促进以知识点为核心的教学模式变革研究 ［J］. 华东师范大学学报（教育科学版），2023，41（7）：177-186.

［33］ 陈全真. 生成式人工智能与平台权力的再中心化 ［J］. 东方法学，2023（3）：61-71.

［34］ 陈潭，刘璇. 智能政务 ChatGPT 化的前景与隐忧 ［J］. 电子政务，2023（4）：36-44.

［35］ 陈永伟. 作为 GPT 的 GPT——新一代人工智能的机遇与挑战 ［J］. 财经问题研究，2023（6）：41-58.

［36］ 陈永伟. 超越 ChatGPT：生成式 AI 的机遇、风险与挑战 ［J］. 山东大学学报（哲学社会科学版），2023（3）：127-143.

［37］ 陈玉琨. ChatGPT/生成式人工智能时代的教育变革 ［J］. 华东师范大学学报（教育科学版），2023，41（7）：103-116.

［38］ 陈增照，石雅文，王梦珂. 人工智能助推教育变革的现实图景——教师对 ChatGPT 的应

对策略分析 [J]. 广西师范大学学报（哲学社会科学版），2023，59（2）：75-85.

[39] 车万翔，窦志成，冯岩松，等. 大模型时代的自然语言处理：挑战、机遇与发展 [J]. 中国科学：信息科学，2023，53（9）：1645-1687.

[40] 储节旺，杜秀秀，李佳轩. 人工智能生成内容对智慧图书馆服务的冲击及应用展望 [J]. 情报理论与实践，2023，46（5）：6-13.

[41] 丛立先，李泳霖. 生成式 AI 的作品认定与版权归属——以 ChatGPT 的作品应用场景为例 [J]. 山东大学学报（哲学社会科学版），2023（4）：171-181.

[42] 丛立先，李泳霖. 聊天机器人生成内容的版权风险及其治理——以 ChatGPT 的应用场景为视角 [J]. 中国出版，2023（5）：16-21.

[43] 崔宇红，白帆，张蕊芯. ChatGPT 在高等教育领域的应用、风险及应对 [J]. 重庆理工大学学报（社会科学），2023，37（5）：16-25.

[44] 代金平，覃杨杨. ChatGPT 等生成式人工智能的意识形态风险及其应对 [J]. 重庆大学学报（社会科学版），2023，29（5）：101-110.

[45] 戴岭，赵晓伟，祝智庭. 智慧问学：基于 ChatGPT 的对话式学习新模式 [J]. 开放教育研究，2023，29（6）：42-51，111.

[46] 戴岭，胡姣，祝智庭. ChatGPT 赋能教育数字化转型的新方略 [J]. 开放教育研究，2023，29（4）：41-48.

[47] 邓建国. 概率与反馈：ChatGPT 的智能原理与人机内容共创 [J]. 南京社会科学，2023（3）：86-94，142.

[48] 邓建鹏，朱怿成. ChatGPT 模型的法律风险及应对之策 [J]. 新疆师范大学学报（哲学社会科学版），2023，44（5）：91-101，2.

[49] 翟雪松，楚肖燕，焦丽珍，等. 基于"生成式人工智能+元宇宙"的人机协同学习模式研究 [J]. 开放教育研究，2023，29（5）：26-36.

[50] 董艳，夏亮亮，李心怡，等. ChatGPT 赋能学生学习的路径探析 [J]. 电化教育研究，2023，44（12）：14-20，34.

[51] 段荟，张海，王东波. 信息资源管理领域科研人员对 ChatGPT 态度、认知及应对策略研究 [J]. 情报理论与实践，2023，46（7）：17-24.

[52] 方兴东，钟祥铭. ChatGPT 革命的理性研判与中国对策——如何辨析 ChatGPT 的颠覆性变革逻辑和未来趋势 [J]. 西北师大学报（社会科学版），2023，60（4）：23-36.

[53] 方兴东，顾烨烨，钟祥铭. ChatGPT 的传播革命是如何发生的？——解析社交媒体主导权的终结与智能媒体的崛起 [J]. 现代出版，2023（2）：33-50.

[54] 冯建军. 我们如何看待 ChatGPT 对教育的挑战 [J]. 中国电化教育，2023，（7）：1-6，13.

[55] 冯雨奂. ChatGPT 在教育领域的应用价值、潜在伦理风险与治理路径 [J]. 思想理论教育，2023（4）：26-32.

[56] 冯志伟，张灯柯，饶高琦. 从图灵测试到 ChatGPT——人机对话的里程碑及启示 [J]. 语言战略研究，2023，8（2）：20-24.

[57] 高琳琦. 生成式人工智能在个性化学习中的应用模式 [J]. 天津师范大学学报（基础教育版），2023，24（4）：36-40.

[58] 高奇琦, 严文锋. 知识革命还是教育异化？ChatGPT 与教育的未来 [J]. 新疆师范大学学报（哲学社会科学版）, 2023, 44（5）: 102-112, 2.

[59] 龚芙蓉. ChatGPT 类生成式 AI 对高校图书馆数字素养教育的影响探析 [J]. 图书情报知识, 2023, 40（5）: 97-106, 156.

[60] 郭小东. 生成式人工智能的风险及其包容性法律治理 [J]. 北京理工大学学报（社会科学版）, 2023, 25（6）: 93-105, 117.

[61] 郭亚军, 郭一若, 李帅, 等. ChatGPT 赋能图书馆智慧服务：特征、场景与路径 [J]. 图书馆建设, 2023（2）: 30-39, 78.

[62] 顾小清, 胡艺龄, 郝祥军. AGI 临近了吗：ChatGPT 热潮之下再看人工智能与未来教育发展 [J]. 华东师范大学学报（教育科学版）, 2023, 41（7）: 117-130.

[63] 顾小清. ChatGPT 对教育生态的影响 [J]. 探索与争鸣, 2023（3）: 30-32.

[64] 韩旭至. 生成式人工智能治理的逻辑更新与路径优化——以人机关系为视角 [J]. 行政法学研究, 2023（6）: 30-42.

[65] 贺樑, 应振宇, 王英英, 等. 教育中的 ChatGPT：教学能力诊断研究 [J]. 华东师范大学学报（教育科学版）, 2023, 41（7）: 162-176.

[66] 何哲, 曾润喜, 秦维, 等. ChatGPT 等新一代人工智能技术的社会影响及其治理 [J]. 电子政务, 2023（4）: 2-24.

[67] 洪永森, 汪寿阳. 人工智能新近发展及其对经济学研究范式的影响 [J]. 中国科学院院刊, 2023, 38（3）: 353-357.

[68] 黄荣怀. 人工智能正加速教育变革：现实挑战与应对举措 [J]. 中国教育学刊, 2023（6）: 26-33.

[69] 胡加圣, 戚亚娟. ChatGPT 时代的中国外语教育：求变与应变 [J]. 外语电化教学, 2023（1）: 3-6, 105.

[70] 胡思源, 郭梓楠, 刘嘉. 从知识学习到思维培养：ChatGPT 时代的教育变革 [J]. 苏州大学学报（教育科学版）, 2023, 11（3）: 63-72.

[71] 胡壮麟. ChatGPT 谈外语教学 [J]. 中国外语, 2023, 20（3）: 1, 12-15.

[72] 姜华, 王春秀, 杨暑东. 生成式 AI 在教育领域的应用潜能、风险挑战及应对策略 [J]. 现代教育管理, 2023（7）: 66-74.

[73] 蒋华林. 人工智能聊天机器人对科研成果与人才评价的影响研究——基于 ChatGPT、Microsoft Bing 视角分析 [J]. 重庆大学学报（社会科学版）, 2023, 29（2）: 97-110.

[74] 蒋里. AI 驱动教育改革：ChatGPT/GPT 的影响及展望 [J]. 华东师范大学学报（教育科学版）, 2023, 41（7）: 143-150.

[75] 江潞潞. 智能交往, 未来已来——"激荡 AIGC"数字交往八人谈观点综述 [J]. 传媒观察, 2023（3）: 48-54.

[76] 焦建利, 陈婷. 大型语言模型赋能英语教学：四个场景 [J]. 外语电化教学, 2023（2）: 12-17, 106.

[77] 焦建利, 陈丽, 吴伟伟. 由 ChatGPT 引发的教育之问：可能影响与应对之策 [J]. 中国教育信息化, 2023, 29（3）: 19-32.

[78] 焦建利. ChatGPT 助推学校教育数字化转型——人工智能时代学什么与怎么教 [J]. 中

国远程教育，2023，43（4）：16-23.

[79] 蓝江.生成式人工智能与人文社会科学的历史使命——从 ChatGPT 智能革命谈起［J］.
思想理论教育，2023（4）：12-18.

[80] 李海峰，王炜.人机协同深度探究性教学模式——以基于 ChatGPT 和 QQ 开发的人机协
同探究性学习系统为例［J］.开放教育研究，2023，29（6）：69-81.

[81] 李海峰，王炜.生成式人工智能时代的学生作业设计与评价［J］.开放教育研究，
2023，29（3）：31-39.

[82] 李会春.ChatGPT 技术热潮下教育变革的挑战和对策［J］.复旦教育论坛，2023，21
（2）：13-23.

[83] 令小雄，王鼎民，袁健.ChatGPT 爆火后关于科技伦理及学术伦理的冷思考［J］.新疆
师范大学学报（哲学社会科学版），2023，44（4）：123-136.

[84] 李荣，吴晨生，董洁，等.ChatGPT 对开源情报工作的影响及对策［J］.情报理论与实
践，2023，46（5）：1-5.

[85] 李书宁，刘一鸣.ChatGPT 类智能对话工具兴起对图书馆行业的机遇与挑战［J］.图书
馆论坛，2023，43（5）：104-110.

[86] 刘邦奇，聂小林，王士进，等.生成式人工智能与未来教育形态重塑：技术框架、能力
特征及应用趋势［J］.电化教育研究，2024，45（1）：13-20.

[87] 刘宝存，苟鸣瀚.ChatGPT 等新一代人工智能工具对教育科研的影响及对策［J］.苏州
大学学报（教育科学版），2023，11（3）：54-62.

[88] 刘海龙，连晓东.新常人统治的来临：ChatGPT 与传播研究［J］.新闻记者，2023
（6）：11-20.

[89] 刘凯.人工智能与教育学融合的双重范式变革［J］.开放教育研究，2023，29（3）：
4-18.

[90] 刘明，吴忠明，廖剑，等.大语言模型的教育应用：原理、现状与挑战——从轻量级
BERT 到对话式 ChatGPT［J］.现代教育技术，2023，33（8）：19-28.

[91] 刘勤.ChatGPT 及其对会计工作的影响探讨［J］.会计之友，2023（6）：158-161.

[92] 刘艳红.生成式人工智能的三大安全风险及法律规制——以 ChatGPT 为例［J］.东方法
学，2023（4）：29-43.

[93] 刘智锋，吴亚平，王继民.人工智能生成内容技术对知识生产与传播的影响［J］.情报
杂志，2023，42（7）：123-130.

[94] 李政涛.ChatGPT/生成式人工智能对基础教育之"基础"的颠覆与重置［J］.华东师范
大学学报（教育科学版），2023，41（7）：47-55.

[95] 李志民.ChatGPT 本质分析及其对教育的影响［J］.中国教育信息化，2023，29（3）：
12-18.

[96] 龙柯宇.生成式人工智能应用失范的法律规制研究——以 ChatGPT 和社交机器人为视角
［J］.东方法学，2023（4）：44-55.

[97] 卢经纬，郭超，戴星原，等.问答 ChatGPT 之后：超大预训练模型的机遇和挑战［J］.
自动化学报，2023，49（4）：705-717.

[98] 卢岚.从互联网到 ChatGPT：思想政治教育的技术重塑与建构逻辑［J］.探索，2023

（2）：163-174.

[99] 骆飞，马雨璇．人工智能生成内容对学术生态的影响与应对——基于 ChatGPT 的讨论与分析 [J]．现代教育技术，2023，33（6）：15-25.

[100] 陆伟，刘家伟，马永强，等．ChatGPT 为代表的大模型对信息资源管理的影响 [J]．图书情报知识，2023，40（2）：6-9，70.

[101] 陆小华．ChatGPT 等智能内容生成与新闻出版业面临的智能变革 [J]．中国出版，2023（5）：8-15.

[102] 卢宇，余京蕾，陈鹏鹤，等．生成式人工智能的教育应用与展望——以 ChatGPT 系统为例 [J]．中国远程教育，2023，43（4）：24-31，51.

[103] 苗逢春．生成式人工智能技术原理及其教育适用性考证 [J]．现代教育技术，2023，33（11）：5-18.

[104] 倪闽景．从学习进化的视角看 ChatGPT/生成式人工智能对学习的影响 [J]．华东师范大学学报（教育科学版），2023，41（7）：151-161.

[105] 彭兰．从 ChatGPT 透视智能传播与人机关系的全景及前景 [J]．新闻大学，2023（4）：1-16，119.

[106] 蒲清平，向往．生成式人工智能——ChatGPT 的变革影响、风险挑战及应对策略 [J]．重庆大学学报（社会科学版），2023，29（3）：102-114.

[107] 钱力，刘熠，张智雄，等．ChatGPT 的技术基础分析 [J]．数据分析与知识发现，2023，7（3）：6-15.

[108] 秦颖．人机共生场景下的外语教学方法探索——以 ChatGPT 为例 [J]．外语电化教学，2023（2）：24-29，108.

[109] 邱燕楠，李政涛．挑战·融合·变革："ChatGPT 与未来教育"会议综述 [J]．现代远程教育研究，2023，35（3）：3-12，21.

[110] 瞿星，杨金铭，陈滔，等．ChatGPT 对医学教育模式改变的思考 [J]．四川大学学报（医学版），2023，54（5）：937-940.

[111] 桑基韬，于剑．从 ChatGPT 看 AI 未来趋势和挑战 [J]．计算机研究与发展，2023，60（6）：1191-1201.

[112] 商建刚．生成式人工智能风险治理元规则研究 [J]．东方法学，2023（3）：4-17.

[113] 尚智丛，闫禹宏．ChatGPT 教育应用及其带来的变革与伦理挑战 [J]．东北师大学报（哲学社会科学版），2023（5）：44-54.

[114] 沈超．ChatGPT：助力高等教育变革与创新型人才培养 [J]．国家教育行政学院学报，2023，（3）：13-16.

[115] 沈书生，祝智庭．ChatGPT 类产品：内在机制及其对学习评价的影响 [J]．中国远程教育，2023，43（4）：8-15.

[116] 沈锡宾，王立磊，刘红霞．人工智能生成内容时代学术期刊出版的机遇与挑战 [J]．数字出版研究，2023，2（2）：27-33.

[117] 史安斌，刘勇亮．从媒介融合到人机协同：AI 赋能新闻生产的历史、现状与愿景 [J]．传媒观察，2023（6）：36-43，2.

[118] 舒洪水，彭鹏．ChatGPT 场景下虚假信息的法律风险与对策 [J]．新疆师范大学学报

（哲学社会科学版），2023，44（5）：124-129.

[119] 宋萑，林敏.ChatGPT/生成式人工智能时代下教师的工作变革：机遇、挑战与应对 [J]. 华东师范大学学报（教育科学版），2023，41（7）：78-90.

[120] 宋信强，刘明杰，陈家和.GPT-4影响的全面分析：经济高质量发展与国家安全防范 [J]. 广东财经大学学报，2023，38（2）：100-112.

[121] 孙伟平.人机之间的工作竞争：挑战与出路——从风靡全球的ChatGPT谈起 [J]. 思想理论教育，2023（3）：41-47.

[122] 唐林垚.具身伦理下ChatGPT的法律规制及中国路径 [J]. 东方法学，2023（3）：34-46.

[123] 钭晓东.论生成式人工智能的数据安全风险及回应型治理 [J]. 东方法学，2023（5）：106-116.

[124] 汪波，牛朝文.从ChatGPT到GovGPT：生成式人工智能驱动的政务服务生态系统构建 [J]. 电子政务，2023（9）：25-38.

[125] 王春辉.国际中文教育数字化发展的趋势与反思 [J]. 云南师范大学学报（对外汉语教学与研究版），2023，21（2）：1-8.

[126] 王飞跃，缪青海.人工智能驱动的科学研究新范式：从AI4S到智能科学 [J]. 中国科学院院刊，2023，38（4）：536-540.

[127] 王洪才，龙宝新，毛菊，等.ChatGPT对教育带来的挑战与机遇（笔会）[J]. 苏州大学学报（教育科学版），2023，11（2）：11-24.

[128] 王建磊，曹卉萌.ChatGPT的传播特质、逻辑、范式 [J]. 深圳大学学报（人文社会科学版），2023，40（2）：144-152.

[129] 王俊秀.ChatGPT与人工智能时代：突破、风险与治理 [J]. 东北师大学报（哲学社会科学版），2023（4）：19-28.

[130] 王迁.再论人工智能生成的内容在著作权法中的定性 [J]. 政法论坛，2023，41（4）：16-33.

[131] 王少.ChatGPT介入思想政治教育的技术线路、安全风险及防范 [J]. 深圳大学学报（人文社会科学版），2023，40（2）：153-160.

[132] 王树义，张庆薇.ChatGPT给科研工作者带来的机遇与挑战 [J]. 图书馆论坛，2023，43（3）：109-118.

[133] 王天恩.ChatGPT的特性、教育意义及其问题应对 [J]. 思想理论教育，2023（4）：19-25.

[134] 王延川，赵靖.生成式人工智能诱发意识形态风险的逻辑机理及其应对策略 [J]. 河南师范大学学报（哲学社会科学版），2023，50（4）：1-7.

[135] 王洋，闫海.生成式人工智能的风险迭代与规制革新——以ChatGPT为例 [J]. 理论月刊，2023（6）：14-24.

[136] 王佑镁，王旦，梁炜怡，等.ChatGPT教育应用的伦理风险与规避进路 [J]. 开放教育研究，2023，29（2）：26-35.

[137] 王佑镁，王旦，梁炜怡，等."阿拉丁神灯"还是"潘多拉魔盒"：ChatGPT教育应用的潜能与风险 [J]. 现代远程教育研究，2023，35（2）：48-56.

[138] 王正青，阿衣布恩·别尔力克.ChatGPT 升级：GPT-4 应用于未来大学教学的可能价值与陷阱 [J].现代远距离教育，2023（3）：3-11.

[139] 万力勇，杜静，熊若欣.人机共创：基于 AIGC 的数字化教育资源开发新范式 [J].现代远程教育研究，2023，35（5）：12-21.

[140] 吴砥，李环，陈旭.人工智能通用大模型教育应用影响探析 [J].开放教育研究，2023，29（2）：19-25，45.

[141] 吴军其，吴飞燕，文思娇，等.ChatGPT 赋能教师专业发展：机遇、挑战和路径 [J].中国电化教育，2023（5）：15-23，33.

[142] 吴青，刘毓文.ChatGPT 时代的高等教育应对：禁止还是变革 [J].高校教育管理，2023，17（3）：32-41.

[143] 吴若航，茆意宏.ChatGPT 热潮下的图书馆服务：理念、机遇与破局 [J].图书与情报，2023（2）：34-41.

[144] 吴晓林，邢羿飞.知识复制抑或创新激发？——人工智能（ChatGPT）对社科类研究生教育的挑战与机遇 [J].广西师范大学学报（哲学社会科学版），2023，59（2）：66-74.

[145] 夏立新.ChatGPT 对教育的多重变 [J].国家教育行政学院学报，2023（3）：9-12.

[146] 肖君，白庆春，陈沫，等.生成式人工智能赋能在线学习场景与实施路径 [J].电化教育研究，2023，44（9）：57-63，99.

[147] 谢梅，王世龙.ChatGPT 出圈后人工智能生成内容的风险类型及其治理 [J].新闻界，2023（8）：51-60.

[148] 谢新水.人工智能内容生产：功能张力、发展趋势及监管策略——以 ChatGPT 为分析起点 [J].电子政务，2023（4）：25-35.

[149] 徐国庆，蔡金芳，姜蓓佳，等.ChatGPT/生成式人工智能与未来职业教育 [J].华东师范大学学报（教育科学版），2023，41（7）：64-77.

[150] 许剑颖，冯桂珍.ChatGPT 赋能档案服务：技术特征、应用场景与实现路径 [J].山西档案，2023（6）：111-120.

[151] 徐敬宏，张如坤.ChatGPT 在编辑出版行业的应用：机遇、挑战与对策 [J].中国编辑，2023（5）：116-122.

[152] 荀渊.ChatGPT/生成式人工智能与高等教育的价值和使命 [J].华东师范大学学报（教育科学版），2023，41（7）：56-63.

[153] 徐伟.论生成式人工智能服务提供者的法律地位及其责任——以 ChatGPT 为例 [J].法律科学（西北政法大学学报），2023，41（4）：69-80.

[154] 杨俊蕾.ChatGPT：生成式 AI 对弈"苏格拉底之问" [J].上海师范大学学报（哲学社会科学版），2023，52（2）：14-21.

[155] 杨晓哲，王晴晴，王若昕.生成式人工智能的有限能力与教育变革 [J].全球教育展望，2023，52（6）：3-12.

[156] 杨欣.基于生成式人工智能的教育转型图景——ChatGPT 究竟对教育意味着什么 [J].中国电化教育，2023（5）：1-8，14.

[157] 杨宗凯，王俊，吴砥，等.ChatGPT/生成式人工智能对教育的影响探析及应对策略 [J].

华东师范大学学报（教育科学版），2023，41（7）：26-35.

[158] 叶鹰，朱秀珠，魏雪迎，等．从 ChatGPT 爆发到 GPT 技术革命的启示［J］．情报理论与实践，2023，46（6）：33-37.

[159] 游俊哲．ChatGPT 类生成式人工智能在科研场景中的应用风险与控制措施［J］．情报理论与实践，2023，46（6）：24-32.

[160] 袁曾．生成式人工智能的责任能力研究［J］．东方法学，2023（3）：18-33.

[161] 喻国明，滕文强，郅慧．ChatGPT 浪潮下媒介生态系统演化的再认知——基于自组织涌现范式的分析［J］．新闻与写作，2023（4）：5-14.

[162] 喻国明．ChatGPT 浪潮下的传播革命与媒介生态重构［J］．探索与争鸣，2023（3）：9-12.

[163] 喻国明，苏健威．生成式人工智能浪潮下的传播革命与媒介生态——从 ChatGPT 到全面智能化时代的未来［J］．新疆师范大学学报（哲学社会科学版），2023，44（5）：81-90.

[164] 于浩，张文兰．基于 ChatGPT 技术的教育教学变革思考［J］．继续教育研究，2023（5）：33-39.

[165] 于浩，张文兰．ChatGPT 技术下教育面临的挑战和机遇［J］．中国医学教育技术，2023，37（3）：260-267.

[166] 余南平，张翌然．ChatGPT/生成式人工智能对教育的影响：大国博弈新边疆［J］．华东师范大学学报（教育科学版），2023，41（7）：15-25.

[167] 于文轩，马亮，王佃利，等．"新一代人工智能技术 ChatGPT 的应用与规制" 笔谈［J］．广西师范大学学报（哲学社会科学版），2023，59（2）：28-53.

[168] 於兴中，郑戈，丁晓东．生成式人工智能与法律的六大议题：以 ChatGPT 为例［J］．中国法律评论，2023（2）：1-20.

[169] 张峰，陈玮．ChatGPT 与高等教育：人工智能如何驱动学习变革［J］．重庆理工大学学报（社会科学），2023，37（5）：26-33.

[170] 张海，刘畅，王东波，等．ChatGPT 用户使用意愿影响因素研究［J］．情报理论与实践，2023，46（4）：15-22.

[171] 张华平，李林翰，李春锦．ChatGPT 中文性能测评与风险应对［J］．数据分析与知识发现，2023，7（3）：16-25.

[172] 张慧，佟彤，叶鹰．AI 2.0 时代智慧图书馆的 GPT 技术驱动创新［J］．图书馆杂志，2023，42（5）：4-8.

[173] 张敬威．ChatGPT 的教育审思：他异关系技术的教育挑战及应用伦理限度［J］．电化教育研究，2023，44（9）：5-11，25.

[174] 张黎，周霖，赵磊磊．生成式人工智能教育应用风险及其规避——基于教育主体性视角［J］．开放教育研究，2023，29（5）：47-53.

[175] 张凌寒，于琳．从传统治理到敏捷治理：生成式人工智能的治理范式革新［J］．电子政务，2023（9）：2-13.

[176] 张凌寒．深度合成治理的逻辑更新与体系迭代——ChatGPT 等生成型人工智能治理的中国路径［J］．法律科学（西北政法大学学报），2023，41（3）：38-51.

[177] 张绒.生成式人工智能技术对教育领域的影响——关于 ChatGPT 的专访 [J].电化教育研究，2023，44（2）：5-14.

[178] 张生.ChatGPT：褙子、词典、逻辑与意识形态功能 [J].传媒观察，2023（3）：42-47.

[179] 张夏恒，马妍.生成式人工智能技术赋能新质生产力涌现：价值意蕴、运行机理与实践路径 [J].电子政务，2024（4）：17-25.

[180] 张欣.生成式人工智能的数据风险与治理路径 [J].法律科学（西北政法大学学报），2023，41（5）：42-54.

[181] 张欣.生成式人工智能的算法治理挑战与治理型监管 [J].现代法学，2023，45（3）：108-123.

[182] 张震宇，洪化清.ChatGPT 支持的外语教学：赋能、问题与策略 [J].外语界，2023（2）：38-44.

[183] 张治.ChatGPT/生成式人工智能重塑教育的底层逻辑和可能路径 [J].华东师范大学学报（教育科学版），2023，41（7）：131-142.

[184] 张智雄，于改红，刘熠，等.ChatGPT 对文献情报工作的影响 [J].数据分析与知识发现，2023，7（3）：36-42.

[185] 张智雄，曾建勋，夏翠娟，等.回应 AIGC 的信息资源管理学人思考 [J].农业图书情报学报，2023，35（1）：4-28.

[186] 张志祯，张玲玲，米天伊，等.大型语言模型会催生学校结构性变革吗？——基于 ChatGPT 的前瞻性分析 [J].中国远程教育，2023，43（4）：32-41.

[187] 詹泽慧，季瑜，牛世婧，等.ChatGPT 嵌入教育生态的内在机理、表征形态及风险化解 [J].现代远距离教育，2023（4）：3-13.

[188] 赵精武，王鑫，李大伟，等.ChatGPT：挑战、发展与治理 [J].北京航空航天大学学报（社会科学版），2023，36（2）：188-192.

[189] 赵瑞雪，黄永文，马玮璐，等.ChatGPT 对图书馆智能知识服务的启示与思考 [J].农业图书情报学报，2023，35（1）：29-38.

[190] 赵晓伟，祝智庭，沈书生.教育提示语工程：构建数智时代的认识论新话语 [J].中国远程教育，2023，43（11）：22-31.

[191] 赵杨，张雪，范圣悦.AIGC 驱动的智慧图书馆转型：框架、路径与挑战 [J].情报理论与实践，2023，46（7）：9-16.

[192] 赵朝阳，朱贵波，王金桥.ChatGPT 给语言大模型带来的启示和多模态大模型新的发展思路 [J].数据分析与知识发现，2023，7（3）：26-35.

[193] 郑满宁.人工智能技术下的新闻业：嬗变、转向与应对——基于 ChatGPT 带来的新思考 [J].中国编辑，2023（4）：35-40.

[194] 郑世林，姚守宇，王春峰.ChatGPT 新一代人工智能技术发展的经济和社会影响 [J].产业经济评论，2023（3）：5-21.

[195] 郑燕林，任维武.实践观视域下 ChatGPT 教学应用的路径选择 [J].现代远距离教育，2023（2）：3-10.

[196] 郑永和，周丹华，张永和，等.计算教育学视域下的 ChatGPT：内涵、主题、反思与挑

战 ［J］. 华东师范大学学报（教育科学版），2023，41（7）：91-102.

［197］郑永和，丁雨楠，郑一，等. ChatGPT类人工智能催生的多领域变革与挑战（笔谈）［J］. 天津师范大学学报（社会科学版），2023（3）：49-63.

［198］支振锋. 生成式人工智能大模型的信息内容治理［J］. 政法论坛，2023，41（4）：34-48.

［199］钟秉林，尚俊杰，王建华，等. ChatGPT对教育的挑战（笔谈）［J］. 重庆高教研究，2023，11（3）：3-25.

［200］钟祥铭，方兴东，顾烨烨. ChatGPT的治理挑战与对策研究——智能传播的"科林格里奇困境"与突破路径［J］. 传媒观察，2023（3）：25-35.

［201］周葆华. 或然率资料库：作为知识新媒介的生成智能ChatGPT［J］. 现代出版，2023（2）：21-32.

［202］周洪宇，常顺利. 生成式人工智能嵌入高等教育的未来图景、潜在风险及其治理［J］. 现代教育管理，2023（11）：1-12.

［203］周洪宇，李宇阳. 生成式人工智能技术ChatGPT与教育治理现代化——兼论数字化时代的教育治理转型［J］. 华东师范大学学报（教育科学版），2023，41（7）：36-46.

［204］周洪宇，李宇阳. ChatGPT对教育生态的冲击及应对策略［J］. 新疆师范大学学报（哲学社会科学版），2023，44（4）：102-112.

［205］周玲，王烽. 生成式人工智能的教育启示：让每个人成为他自己［J］. 中国电化教育，2023（5）：9-14.

［206］周学峰. 生成式人工智能侵权责任探析［J］. 比较法研究，2023（4）：117-131.

［207］周智博. ChatGPT模型引入我国数字政府建设：功能、风险及其规制［J］. 山东大学学报（哲学社会科学版），2023（3）：144-154.

［208］朱光辉，王喜文. ChatGPT的运行模式、关键技术及未来图景［J］. 新疆师范大学学报（哲学社会科学版），2023，44（4）：113-122.

［209］朱嘉珺. 生成式人工智能虚假有害信息规制的挑战与应对——以ChatGPT的应用为引［J］. 比较法研究，2023（5）：34-54.

［210］朱永新，杨帆. ChatGPT/生成式人工智能与教育创新：机遇、挑战以及未来［J］. 华东师范大学学报（教育科学版），2023，41（7）：1-14.

［211］朱雨萌，李艳，杨玉辉，等. 智能技术驱动高等教育变革——《2023地平线报告：教与学版》的要点与反思［J］. 开放教育研究，2023，29（3）：19-30.

［212］邹开亮，刘祖兵. ChatGPT的伦理风险与中国因应制度安排［J］. 海南大学学报（人文社会科学版），2023，41（4）：74-84.

后　记

在撰写本书的过程中，虽然作者始终保持着对大语言模型应用的密切关注并持续实践，但每次目睹技术的进步以及畅想未来可能带来的深刻变革，内心依旧难掩震撼与兴奋，也不乏焦虑与深思。

作为一名自认为信息素养相对较高的人，过去习惯于通过搜索引擎精准定位所需的信息，而生成式 AI 的暴发彻底颠覆了我的信息获取方式：许多模糊而复杂的问题，原本难以通过搜索引擎直接获得答案，现在却能通过与 AI 的一次次对话逐步探索并清晰起来。同时，作为曾经的软件开发工程师，当发现原本赖以为生的编程能力和计算思维居然也能被 AI 部分取代时，这种冲击更是前所未有的。

也许让作者感到震撼的一个原因，是自己其实从未真正深入了解这个人工智能领域，对它取得的进展也并没有太多认识，还记得在 2019 年末看到的一则报道："AI Startup Engineer. ai Said Its Software Built Apps Automatically. Insiders Say Humans Did Much of the Work."（人工智能初创公司 Engineer. ai 声称其软件自动构建应用程序。内部人士称大部分工作由人工完成）。那时居然已经有人相信 AI 可以编程，尽管最终被证实大部分工作是人工完成。但回头来看，仅仅不到三年，ChatGPT 迅速走红，随后越来越多人开始使用有关工具协同进行编程，到现在，可能大家对于 AI 辅助或者取代人工进行部分编程这件事情已经没有怀疑了，各种集成工具也都很成熟。

另外一个觉得会被震撼的因素可能在于，从以往的发展来看，总感觉软件会吞噬整个世界，好像是 IT 行业革命着所有其他行业，比如我们这代人接受到的计算机通识教育中，总是会提到"计算机辅助 xxx"（CAD、CAM 等的 CAx）。又如十年前的"百团大战"、打车软件大战、外卖大战还有比彩虹色彩还要多的共享单车大战，微博、微信、头条、短视频……IT 行业的每一次创新都深刻影响着我们的生活方式。这一切也让我们更直观地意识到：信息技术正以前所未有的速度取代人力、提升效率，而软件开发者正是这场变革的关键执行者。毕竟如果没有软件开发者去写出代码来实现功能的自动化，怎么能带来效率提升呢？对于普通程序员的工作，具有反思精神的程序员会戏谑地自嘲自己是在写 CRUD，只会写很简单的业务代码，但是大概也想到，自己的简单工作能被机器取代，毕竟在不断发展的软件开发行业中，程序员通常也处于不停地学习之间，比如在 Windows 中进行图形编程，从以前的 MFC 到现在的 WPF 再到 UWP，或者流行的跨端方案 Electron，程序员们为了追赶新的技术实现更好的效果或者要在新的平台推出产品，就得一次次更新技术栈，不断学习新出现的技术。这样的程序员，就算当初学校老师用 20 世纪的 VC6 来教他们编程，他们也会在网上自学，探索业界最新的最佳实践。这样的程序员是不会想到自己能被取代的：都在保持学习更新技术栈了，怎么会被取代呢？

而这一次，没想到，IT 行业中一个细分领域——AI 的发展，也把 IT 行业中最具有技术挑战性的软件开发者部分取代了，这也是一个震撼的原因。为什么称软件开发这一点，是 IT 行业中最具有挑战性的，因为 IT 行业的各项产品都需要进行软件开发才能做出来，靠着开发出来的各种软件功能，取代了一个又一个的重复劳动，这就是软件开发工程师以往所做的事情。而如今，靠着各种数据（当然其中也包含着可以公开搜集到的各种软件的代码）进行训练出来的神经网络，却能进行软件开发工程师的工作，取代了其部分能力。在这一点上，计算思维再也不是人类的专属，AI 继续发展下去，计算思维能力估计会比人厉害，实际上现在已经有很多人认为的最佳实践就是用 AI 辅助进行编程，在 github coiplot/cursor 等工具的辅助下，程序员的效率能得到很大的提高。

而在社交媒体上看生成式人工智能的发展，也真的是日新月异，可能有几天几周不看新闻，就感觉又多出了好多新名词、新工具、新玩意。有时工作一忙，几周不看行业新闻，便会隐隐担心是否错过了什么关键更新。

回想 2022 年底到现在，这一波生成式人工智能的浪潮，已经持续了 2 年多了，因此本书中的有些内容难免有点过时了。

第　，以 OpenAI o1 模型为代表的推理模型推出来（2024 年 9 月发布预览版）后，其智能程度进一步提高，并且能看到思维链让人对其更有信心，答案也更有说服力，但是 o1 为闭源模型，尽管业界各家头部厂商（如谷歌推出的 Gemini 2.0 Flash Thinking Experimental）努力追赶，但效果都与 o1 差距很远。也因此 OpenAI 直到 2024 年 12 月才放出 o1 模型的正式版。但是这一局面直到国内的 Deepseek 于 2025 年 1 月 20 日推出对标 o1 推理模型的 deepseek R1 开源模型才得以改变，其效果直逼 o1 模型，并且根据笔者实际使用效果，在语言方面的使用感受甚至比 o1 还更好，因为其开源免费特性与 OpenAI 对 o1 的态度形成对比，一时风靡国内外，也成了一条激发此方面市场活力的"鲇鱼"，各大模型厂商也纷纷推出自己的推理模型，而 OpenAI 也在 R1 推出后不到两周（2025 年 1 月 31 日）上线了比 o1 性能更好的 o3 mini 模型来展示其在该领域的领先地位，并于 2025 年 2 月 2 日发布了其深度调研工具 Deep Research，该工具基于 o3 推理模型，能够浏览网页、分析多个来源并生成长达 16000 字的报告，X（原推特）则是于 2025 年 2 月 17 日推出了 Grok3，带有推理和深度调研功能，且免费用户也有一定量的使用额度。Google 的 Gemini 深度调研功能也对所有用户开放。这些调研功能在推理模型的加持下，已经能对用户所提出的调研问题做出细致分析，并实时搜集有关资料来整理出一份详尽的调研报告，可以看作是之前大语言模型简单使用搜索功能或者 RAG 方式获取信息来回答用户问题的更进一步的发展，因为推理模型使其自主性得到很大提高，从而在多个步骤中不断分析需要搜索什么资料，才能搜索到更多资料汇总分析。人类的信息收集效率能因此得到很大提高。

第二，模型上下文协议（Model Context Protocol，MCP）对各种大语言模型可调用工具的整合，可能是继命令行界面和图形用户界面之后的又一次用户界面的进化。MCP 是一种标准，旨在帮助大语言模型连接到外部数据源和工具。例如，它允许大语言模型访问实时数据或执行操作，如更新文档或发送电子邮件。MCP 是由 Anthropic 在 2024 年 11 月推出的开放协议，提供了一个客户端-服务器架构，使 AI 应用能够动态访问文件、数据库和 API，而无须为每个系统编写定制代码（当然还是需要构建 MCP 服务器和客户端）。本书中提到的使用大语言模型来生成 markdown 代码生成 Mermaid 流程图，本质上就是利用大语言模型的文本生成能力加上能接受文本的外部工具 Mermaid 来得到非文本的输出或者进行某种操作，本书中提到的方法是手动进行这一部分操作。而 MCP 的出现使得这样的操作能够标准化，并让这一部分操作自动化成为可能，目前已经有非常多的MCP 服务连接了各种各样的工具，例如 BlenderMCP 允许 Claude AI/DeepSeek R1通过 MCP 与 Blender（一个开源的 3D 建模软件）交互，生成 3D 模型，又如 IDA（著名的逆向工程工具）通过安装 MCP 插件连接大语言模型，就能通过自然语言命令执行逆向工程操作，并使用大语言模型的分析能力进一步理解逆向代码。在MCP 开放的标准下，不只是 Blender 和 IDA，已经有非常多的工具和应用支持MCP 了（可以在 modelcontextprotocol/servers 看到各种 MCP 服务），众多的应用和服务通过 MCP 连接大语言模型，使得用户能够使用自然语言控制应用程序（不用通过图形用户界面，也不用通过命令行），用户的需求能够更直接地表达，因此本质上是用户界面的又一次进化。从这个角度出发，这是一件令人激动时刻，上一次用户界面的改变可以追溯到 20 世纪 80 年代初期图形用户界面使得普通人不用记忆专业的命令，通过图形界面也能使用电脑，Windows/Mac 系统这样的操作系统开始流行起来。而这次的用户界面的改变还处在早期阶段，会带来很多机遇值得我们去探索。

第三，除了文本生成外的其他 AI 的功能的也在不断拓展。首先是现在多模态的大语言模型的图像和音频等的功能越来越强，比如 2025 年 3 月 12 日，Gemini 2.0 Flash 新增了原生图片生成功能，又如 2025 年 3 月 25 日 OpenAI 发布的具有图片生成功能的 4o 模型，具有图像生成功能的 4o 模型发布后就在社交媒体上盖住了早两周发布的 Gemini 2.0 Flash 原生图片生成的热度，网络上出现了众多将照片和梗图用 4o 模型转换为"吉卜力"风格、"南方公园"风格等各种风格照片的例子引发病毒式传播，再如阿里 2025 年 3 月 27 日发布了 Qwen2.5-Omni，能够无缝处理文本、图像、音频和视频等多种输入形式，还可以生成文本与自然语音合成输出。其次，除了大语言模型外，其他方面的模型也一直在进步，比如字节跳动在 2025 年 3 月也开源了名为 InfiniteYou 的可以保持人物特征的图像编辑生成的模型。除了这些新的图片生成模型，2022 年发布的 Midjourney 是一款热门的图片生成服务，Stable Diffusion 则是 2022 年发布的开源模型。在语音合成方面，出现了众多基于大语言模型的能力来增强语音合成效果的语音合成模型，比如谷歌推出了 Chirp HD 语音生成服务是基于大语言模型的，开源的 Spark-TTS 和 Orpheus TTS 分别基于 Qwen2.5 和 Llama-3b 大语言模型，都能进行零次学习语音克隆，这些新的基于大语言模型的语音合成模型，效果更为自然，感情丰富并具有多语种的功能。又如字节跳动在 2025 年 3 月底开源的 MegaTTS3 是一款轻量级、高效率的语音合成模型，只有 4.5 亿参数，但依然能实现超高质量的语音克隆，支持中英文双语合成，包括中英混说的场景，还具备一定的语音控制能力。阿里巴巴开源的 CosyVoice 2 是大型多语言语音生成模型，效果也很好。在语音识别方面，OpenAI 于 2023 年 11 月推出的 Whisper，阿里巴巴的 SenseVoice 效果相比以前也都很好。这些涉及语音、图像等的模型进一步拓展了用 AI 可以实现的自动化的能力范围，比如对上述用户界面的改变中就能结合语音、图像的功能等来方便用户用语音输入，拍照描述输入；或者在输出时候不仅局限于文字的输出还能转换成语音和图像，例如教师们在教学资源时候，就可以制作简单的插图，或者利用自动化克隆配音来加速教学资源制作，这也是本书中前面提到的。在视频方面，也涌现出一大堆模型，比如 Runway（也是 Stable Diffusion 的共同开发公司）在 2025 年 4 月 1 日发布的 Gen-4 模型，OpenAI 的 Sora，谷歌的 Veo 2，阿里巴巴开源的 Wan 2.1，腾讯开源的 HunyuanVideo，Pika labs 发布的 Pika，快手发布的可灵，字节跳动的即梦……目前市面上也有这么多的视频生成模型，目前这些模型在性价比和效果方面仍略显不足，在使用相关 AI 的过程中也需要个人花费不少努力才能调出好的效果，但是仅仅根据一张图片以及对话文本来生成口播视频已经很成熟了，比如一款名为 Captions 的 AI 音视频应用就能生成真假难辨的数字人对口型口播视频。又如在教育应用方面，数字人也是个热门的领域，但是花费的算力较大，目前都需要花费比较多的资源才能生成，各大云平台都有提供这方面的服务。如果有参加过教学视频录制或者教学比赛视频录制的话，就会发现真人录制出错概率大，而数字人在备好对话脚本的情况下就可以生成人讲话的视频，因此生成的视频的效率较高。音乐方面，自动生成音乐的模型在 2025 年已达到较高水平，商业模型如 Suno AI 和 Riffusion 提供了高质量输出。总而言之，大语言模型之外的这些音频、图像、视频、音乐等模型的发展，和大语言模型结合起来应用在各种领域中，有助于各行各业的独立开发者创造自己的产品，以往可能还需要很多作图、作曲、程序员，需要很多人才能一起创造出像样的作品，而现在或者不远的未来，每个人都可以有"一人公司"下雇佣着各种不同的 AI，有想法的人可以以比以往更低的成本完成产品的打造。具体到教学领域，教师就更能发挥自己的专业特长，创作出更多更好的教学资源供学生学习。而且在未来算力进一步发展，各种不同模型继续发展下去后其与交互界面的结合，让科幻作品都显得不再遥不可及，比如《流浪地球 2》中的 AI 同声传译和《Ghost in the Shell》中的实时感知篡改，都仿佛很快就能实现，有很大的想象空间。

第四，在 AI 落实到具体的应用上，DeepSeek R1 除了使开源的推理模型往前走了一大步外，其"国产"属性也激发了国内应用热潮。在此之前，很多场景本来用的是国际上热门的在线 AI，因为只有这些模型的效果，才能支撑起具体应用场景的需求，但这样的方式存在诸多安全隐患，开源无法本地部署数据需要上传云端处理，隐私难以保障，甚至问答数据中包含的敏感信息如果被国外公司利用危害国家安全，此外，国外大语言模型训练过程中可能未针对中国国情进行优化，可能使用了对中国有偏见的语料进行训练，导致模型输出所体现的意识形态与我国有很大差别导致回答违规，甚至可能因为训练出来的模型有"偏见"而产生有害信息的回答导致西方错误思想的渗透，这可能也是《生成式人工智能服务管理暂行办法》中规定"第十七条 提供具有舆论属性或者社会动员能力的生成式人工智能服务的，应当按照国家有关规定开展安全评估，并按照《互联网信息服务算法推荐管理规定》履行算法备案和变更、注销备案手续。"的原因。而现在，由于有了由身处国内的研发团队开发的 DeepSeek R1，不仅是智能水平与 GPT 的推理模型不分伯仲，而且其在一些特殊话题上的回答符合我国实际情况，可以说是又"红"又"专"。由于其模型权重开源，且其开源许可属于商业应用友好的，任何单位和个人都可以下载该模型自行运行，各行各业比如政务、学校、医院以及各种企业都开启了应用 AI 的热潮，都根据自身可以调用资源的多寡来决定了其应用 DeepSeek R1 的方式：腾讯部署了满血版 DeepSeek 供用户在其 App 元宝中使用，填补了 DeepSeek 官方 App 的算力不足出现的市场，一时登上了应用市场榜首；各家头部高校本地部署 DeepSeek R1 供内部师生学习和科研使用避免了会话信息外泄的风险的同时也为师生提供了便利；在线教育平台比如超星也上线了量化版的 DeepSeek 为其 AI 工作台提供支撑，方便了老师直接在超星上用 AI 进行课程建设和教学支持；多地政务系统接入 DeepSeek。可以发现，正是其开源、领先、国产等各方面因素叠加在一起，形成了一个热点话题，又反过来促进了各行各业的争先恐后应用。而这一网络和宣传热点的其中一个大的影响就是，对所有人的一个普及教育作用，作为国内研发的先进的大语言模型，在国内是可以访问得到的，很多人在这个潮流事件中就会去接触大语言模型，这和 2022 年末开始的 ChatGPT 热潮不同，因为 ChatGPT 在中国大陆无法使用（OpenAI 未对大陆市场开放且有境外网络封锁），而这次不用任何技术手段只需要下载 App 都能直接感到 AI 的智能水平，非计算机技术专业的人也能使用并在这波 AI 的流行中被教育。这个影响是深远的，比如，各个机关企事业单位的管理人员，他们不是信息化技术人员，但对信息化是有话语权的，通过这一波 AI 的实际使用，非技术人员就对 AI 技术有实际的体会，从而能做出更有利于信息化发展的决策；再比如，在这波热潮中实际使用过 AI 的普通消费者，他们的消费习惯可能就被永久改变了，在做出消费决策的时候，更能理性考虑 AI 这一因素，反过来也能促进各行各业商品和服务的 AI 集成。总之，在这波浪潮的推动下，大语言模型势必会继续深度融合应用在各行各业中发挥更大的作用。

　　而在这次的变革中，很多人会感到迷茫，以作者所处在的 IT 行业为例，看起来在不久的将来似乎 AI 什么都能做，连技术含量最大的程序开发都能进行，更别说运维、测试等其他工作。带来了生产力的提高，对人力资源需求会不会降低？被波及的行业，在 AI 协助下会不会岗位变少？现在学的内容有没有用，学了找工作还找得到吗？或者就算是现在有工作，会不会过几年因为 AI 替代而失业了呢？除了以上被替代的焦虑外，还有想加入这样的创新当中，自身能力却达不到的焦虑。想到其中的差距和自己在未来社会的发展中可能被 AI 取代，确实会让人非常焦虑和迷茫。

　　但我们也要看到有利的一面，更重要的是，因为 AI 带来的生产效率的提升，创造出更多的商品和服务，通过合理的分配，总会惠及到每一个个体，对于全社会来说，肯定是进步的，因此整体要乐观看待此事。

　　首先，焦虑被替代不如积极去利用。具体到个人，当前就可以利用 AI 提高效率多产出内容或者提高效率，对于 AI 怎么用才最好，要自己尝试实际运用在工作中才能得到自己的答案，也只有自己尝试了，才知道网上的说法，哪些是哗众取宠引人焦虑暗中带货，哪些是真正有提高自身生产力的，而如果发现确实能改进自身的工作效率，就要想着怎么进一步自动化提升工作流程。比如作为程序员，如果一开始就在跟进这方面内容，就会发现，AI 协助编程在 2022 年底时候还不成熟，能起到的作用较少，那时候也比较少有工具集成 AI 编程的功能，而到了 2025 年，不仅是大语言模型的编程能力提升了，各类集成开发环境中支持的 AI 协同插件的插件也多了起来，在社区上的讨论也可以看到用 AI 协同编程的程序员已经不在少数了。例如，2022 年因课程需要开发一个维护脚本需要一周的空闲时间来自己写代码，到了 2025 年，向 AI 提出这个需求，重新编写同样功能的脚本，加上调试报错多轮的修改，只需要半天时间就把代码跑起来，而且完成得很好。因此很多之前因为时间问题，无法写出来的自动化项目，都可以通过

AI 编程来协助快速完成，提升平时的工作效率。而对于不会编程的人，到 2025 年上半年，AI 编程还达不到提出什么要求，它就能自动全部完成的程度，因为总有一些错误要处理要多轮地来回问答，AI 才能正确地写出代码，并且怎么提出编程需求也是一件比较专业的事情。但随着智能程度的发展，总有一天，是没学过计算机的人提出需求，它就能自动全部完成。因此，与其焦虑 AI 替代人，不如先用 AI 来实现自己的想法，尤其是有创新的，有实际生产力的，有实际市场需求的，有价值的想法，这种情况下如果实现了，那 AI 也只是按照人类的想法来实现某个东西，AI 就是人类的"工具人"，在这个人类提出想法让 AI 协助完成的过程中，是人类提出的想法这件事更具创新性，AI 只是帮人实现，谈不上是 AI 替代人类。而如果实现不了，那就更不用焦虑了，毕竟完成不了人类想出来的创造性任务，证明还不够智能，无法替代人类，这时只好人类亲力亲为去实现这样的想法，或者依靠人类把任务拆解后和 AI 一起协同完成，无论哪种情况，都要有人类的参与。

　　其次，低水平重复不如深层次理解。不管是在工作中，还是学习中，都要识别出重复熟练的脑力活动或者操作，并且要认识到，这种类型的思考或者操作，已经不依赖于熟练度了，可以交给 AI 辅助完成了，而我们要掌握的是其本质含义。以 IT 行业中的系统运维岗位为例，在没有 AI 辅助之前，运维工程师可能要记忆一些 Linux 命令以便查手册看具体怎么使用命令，不管怎么样，命令是肯定要记住的。但是在现在，只需要告诉 AI 我们想要达到什么效果，就可以让 AI 协助我们写出具体的命令，因为命令本身是什么字符串就没以前那么重要了，但是最基本的用它完成什么操作，有什么效果和影响依然很重要。因此，运维工程师在学习的时候，就可以把本来记忆、查询手册、把人类语言翻译为具体命令等的较低层次的操作和思考，转换为进行更深入理解系统原理（也能更好地描述需求）的较高层次的学习，而后者在有 AI 助力的情况下，减少了记忆负担和思考负担，在把多出来的时间精力花在深入理解原理的基础上，就能做到更好，考虑更全面、更深入。又如，前端开发中，过去很多初学者都会花大量时间死记 HT-ML 标签、CSS 语法，甚至是某些 JavaScript 函数的用法。但是在大型语言模型人工智能的帮助下，只需要清楚地描述自己想要的网页结构和交互效果，AI 就能辅助生成代码。此时，前端开发者更重要的是理解网页渲染的流程、DOM 结构的设计逻辑、响应式设计的原理，而不是拘泥于每个标签或语法细节。再如，数据分析岗位中，以前分析师可能要反复查找 Pandas、Matplotlib 等库的函数用法，还要记很多参数的名称和含义，现在只要能清楚描述想要做的分析，AI 就能自动推荐代码和方法。真正重要的是对数据本身的理解，比如：哪些字段有业务意义，哪些指标能反映核心问题，什么样的数据处理方法才有价值？这些判断才是人类应该掌握的。还有，数据库管理岗位也同样如此。在过去，DBA 需要熟练掌握 SQL 语法、调优技巧，现在借助 AI，可以快速生成 SQL 语句并给出优化建议。这就要求我们不只是去"会写 SQL"，更重要的是理解数据库设计原则、事务机制、索引策略、数据一致性和并发控制等核心原理，这样才能更合理地提出问题、解读结果，真正发挥数据库的效能。又如，教育行业的教师，以前备课时可能要反复制作幻灯片、整理题库、手动批改作业，而现在很多平台已经能自动生成课件、智能布题、甚至提供批改建议。教师的工作重点就应该转向更深层次的内容设计、学生心理把握、因材施教、引导学生思维能力提升这些人机协作下才更有价值的部分。

再次，发现有效需求去动手实现。现在的 AI 即使再智能，也都是计算机世界里面的东西，与人类的交互也仅限于在互联网上，只能通过网络了解人类社会，因此对现实中的需求，AI 没办法替我们去发掘。这就如同不同文化国家之间的差异，因为各个国家的社会文化不同，社会制度的不同，所受的教育的不同，在进行跨文化交际时候，总会有理解上的偏差，对同一个问题，各方的关注点可能不一致。而 AI 也是如此，可能在训练过程中吸收了全人类社会积累的各种数据，其中就有各个国家的文字上的文化瑰宝，但是它不像人类具体地在真实的社会环境中探索，因此无法了解现实世界中的需求。而作为人类，优势就体现出来了，我们了解人类社会的各方各面的关切点，因此就能挖掘出市场需求。这就像在做产品设计时，如果只依赖 AI 生成方案，而没有亲自去和用户接触、体验生活情境，就很可能设计出看似合理但脱离实际的功能。例如，有些老年人因为视力不好、记忆力衰退，对语音提醒、字体放大这些需求特别强烈，但这类需求往往不会出现在网上的数据中，AI 也就难以捕捉。而人类设计师通过实地走访、倾听用户反馈，才有可能挖掘出这些"非主流但真实"的场景，从而创造出真正有用的产品。又如，在教育领域，有些学生表面成绩很好，但心理压力极大，这类现象在课堂上可能只靠 AI 看成绩无法察觉。而老师或家长却能从他们说话的语气、行为习惯中敏锐地察觉出异常。此时"发现需求"就是"发现问题"的过程，唯有人类才能做到对情境的细腻把握、情感的共鸣和因材施教。因此，在与大型语言模型人工智能协作的时代，真正的核心能力之一，就是主动去观察、去体验、去发现现实中的真实需求，并且动手去尝试解决。不是等待 AI 告诉我们做什么，而是我们先提出问题，再用 AI 作为工具去辅助实现解决方案。这种"人发现需求、AI 协助实现"的合作模式，才是未来最有价值的人机配合方式。也就是说，我们不是被 AI 取代，而是站在 AI 的肩膀上，把更多精力放在那些只有人类才能做到的事情上：理解社会、理解他人、理解复杂的人类环境，并用我们的专业知识和实践能力，让技术真正服务于人。

最后，以人为本，重视人的自我实现的需求，而不是将人视为工具或者资源。最重要的是，在这个以 AI 为代表的技术迅猛发展的时代，我们不应将自己视作随时可被替代的工具，而应确立"以人为本"的主人翁心态，积极投身于变革，推动社会制度的进步，确保 AI 创造的巨大生产力最终能够惠及每一个人，实现更加公平的财富分配与社会发展。相信未来属于那些能够与 AI 积极协作、善于把握机遇，并始终怀有主人翁意识的人们。

这本书写到这里，或许只是一个阶段性的停顿，而非真正的结束。从最初的震撼与好奇，到不断试用、反思，再到尝试在现实中找到可行的路径，这些记录的内容，不过是作者个人在这场浪潮中的一些观察与体会。大型语言模型人工智能的发展远比任何一本书所能涵盖的更快更广，而书中所述，也许只是其中微不足道的一部分。

但正因如此，我们或许更需要一种平实的心态与持续探索的勇气。与其急于追问"是否会被取代"，不如试着理解技术背后的逻辑，静静思考：在这个时代，我愿意如何与世界建立联系？面对技术带来的冲击与可能，我们无须急于得出答案，也无需强迫自己立刻"做出什么"，更不必将"有用"作为评价自己的唯一标准。

愿读到这里的你，无论是专业从业者还是普通读者，都能在这场变革中安放自己，体会当下，顺其所想。技术终究是工具，而人，不论是否创造了什么，改变了什么，本身就值得被善待、被理解、被珍视。如果一个人最终愿意自我实现，那应出于自由与丰盈，而非被评判与逼迫。若不是如此，那问题并不在于个体，而是我们的教育和社会还尚未完成它应尽的部分。

在这个技术高速演进的时代，我们不应将自己视作随时可被替代的齿轮，而应确立以人为本的姿态，走自己的路，坚定地相信：决定方向的，从来不只是工具的逻辑，而是人心的选择。

洪江民

2025 年 4 月